Beatriz Serrano Garrido

Inteligencia Emocional

Una herramienta para la educación familiar

Beatriz Serrano Garrido. 2020
e–mail: beatriz.serrano@aulaiemocional.com
www.aulaiemocional.com

Diseño gráfico: Raúl López Bermejo
Dibujo de portada: Nicolás López Taracido (6 años)
ISBN: 9798639493539
Sello Editorial: Independently Published

Gracias…

A Luis Fernando Vílchez,
por tenderme la mano para sacar a la luz mis ideas.

A mis alumnos y a mis hijos,
sobre su piel aprendí lo que hoy os transmito.

A mis correctoras, Esperanza de Carlos y Lucía de Lorenzo,
y al resto de personas que hacen, cada día,
que la vida sea maravillosa.

Índice

Prólogo

Antes de nada, me gustaría poner en conocimiento que este libro tiene como destinatario a todas aquellas familias que por causas que ellas desconocen no consiguen disfrutar de la compañía de sus miembros.

Aquellas familias sometidas a situaciones a las que no saben cómo enfrentarse.

Aquellas familias que soñaron con una convivencia fundamentada en el amor y sin embargo no ven el momento de demostrarlo con una caricia o un beso.

Me hace gracia cuando algunas parejas me comentan: "**¡Qué difícil es educar! Los niños podrían venir con libro** de instrucciones bajo el brazo". Yo siempre les contesto: "A veces basta con aplicar el sentido común".

Sin embargo a lo largo de veinticinco años de experiencia educando niños y ejerciendo de madre otros veinticinco, he llegado a la conclusión que lo que falla es justamente EL SENTIDO COMÚN.

Este libro es precisamente eso. <u>Un manual de sentido común.</u>

Beatriz Serrano

Análisis de la situación

"No hay ningún viento favorable para aquel
que no sabe a qué puerto se dirige"
(Arthur Shopenhauer)

Hago mío el contenido de un correo que me llegó un día a través de Internet y del que desconozco su autor pero facilita la visión del mundo que poco a poco estamos transformando.

- "Tenemos casas más grandes, pero familias más chicas.
- Tenemos más compromisos, pero menos tiempo.
- Tenemos más medicinas, pero menos salud.
- Hemos multiplicado nuestras fortunas, pero hemos reducido nuestros valores.
- Hablamos mucho, amamos poco y odiamos demasiado.
- Hemos llegado a la Luna y regresamos, pero tenemos problemas para cruzar la calle y conocer a nuestro vecino.
- Hemos conquistado el espacio exterior pero no el interior.
- Tenemos mayores ingresos, pero menos moral.
- Estos son tiempos con más libertad, pero menos alegría.
- Con más comida, pero peor nutrición.
- Son días en los que llegan dos sueldos a casa, pero entran los divorcios.
- Son tiempos de casas más lindas, pero más hogares rotos.

Es posible que nunca nos hayamos planteado tal evidencia.

Está claro que el momento actual, viene fraguándose desde lejos producto de la inercia hacia el estado de bienestar que provoca la sociedad de consumo en la que nos vemos inmersos. Un tipo de sociedad que acelera nuestro ritmo vital impidiéndonos la reflexión que debería venir asociada al cambio.

Nos quejamos permanentemente de nuestro estilo de vida. Criticamos a políticos y responsables por su mala gestión. Juzgamos la labor de los profesores de nuestros hijos y, en definitiva "echamos balones fuera" esperando que nos rescaten de esa situación.

Detengamos aquí la lectura, cerremos el libro y dediquemos cinco minutos para tomar conciencia de si nos hemos parado a pensar alguna vez "dónde estoy" y "cómo me siento". Puede ser que después de estos cinco minutos, tengamos ya una cosa más clara: No sé dónde estoy, ni cómo me siento. Volvamos a la lectura. Para poder modificar la realidad, como primera medida, hay que conocerla, por ello, el primer paso tiene como objetivo analizarla.

Empecemos, en primer lugar por hacer un análisis formal del niño que crece entre nosotros. Si observamos a los hijos de los demás, siempre me refiero a los de los demás porque en los nuestros difícilmente lo vemos. Hay que hacer un esfuerzo por salir fuera, observar lo que hay y después asumir que dentro pasa prácticamente lo mismo, pero una de las cosas más difíciles es hacer ver a los padres que hay que empezar a modificar realidades desde la realidad más próxima: el hogar.

Siempre empleo la palabra hogar porque "casa" no aglutina las connotaciones que quiero transmitir con la palabra hogar. Para mí hogar significa, entre otras muchas cosas, "lugar cálido" y eso es sobre lo primero que tenemos que reflexionar. ¿Es mi hogar un lugar cálido? Es decir, ¿dónde me relaciono con los míos?, ¿en una casa o en un hogar? ¿Es mi casa mi lugar de refugio? ¿Es mi casa mi hogar?

Un hogar se construye no sólo con ladrillos de arcilla y con cemento o con mármol travertino o con vigas de raíl de tren. Un hogar no sólo se dota con electrodomésticos Bosch o Balay o decora con alfombras persas, con lámparas de diseño o con pinturas de Tápies. No, eso es una casa. Un hogar es diferente.

Un hogar de construye con ladrillos emocionales. Su dotación y decoración ha de tener materiales de calidad. Lo que contiene una casa no da la felicidad. Lo que verdaderamente dota a un hogar de felicidad son los recursos emocionales de quienes lo habitan.

Dedicamos mucho tiempo para diseñar los espacios y elegir las telas que van a decorar nuestra casa, sin embargo no nos planteamos qué criterios básicos de convivencia queremos que reinen en nuestro hogar, para permitir que nuestro hogar sea un lugar cálido de refugio y donde nuestro descanso y nuestra paz espiritual estén asegurados.

¡Cuantas veces el tipo de convivencia que mantenemos, es producto del azar! Si nuestras relaciones afectivas no son diseñadas con antelación, si nos hemos casado porque a cierta edad hay que casarse, si no hemos planificado qué número de hijos y qué tipo de hijos queremos, si no hemos pensado qué debemos hacer para que las relaciones familiares sean satisfactorias, si todo esto lo hemos dejado al azar, entonces es posible que nuestra felicidad dependa del azar y no de un trabajo personal del que nos sintamos satisfechos.

Si observamos, como decía antes, a los hijos de los demás constatamos a menudo que son niños que obtienen sin esfuerzo todo lo que desean. Consiguen sus propósitos, del tipo que sea, utilizando las argucias necesarias sin que los padres pongan ni siquiera en tela de juicio si su hijo lleva o no razón o si lo que quiere su hijo es saludable para su desarrollo físico o psicológico.

Vemos en muchas ocasiones niños de corta edad (diez u once años) solos en centros comerciales, haciendo cola en las taquillas de los cines eligiendo película para ver esa tarde. Otras veces encontramos niños de catorce o quince años en un banco de un parque consumiendo bebidas alcohólicas.

Nos encontramos también situaciones en las que nuestro hijo nos dice que no quiere ir al colegio, que no se siente seguro. A veces sorprendemos a nuestro hijo de doce años conversando a través del Messenger en vez de estar estudiando como habíamos convenido. En general los hijos piden caprichos a sus padres (juegos de rol, vídeos, CDs, videojuegos, etc.) porque los tienen sus compañeros, vecinos o amigos y el padre sin tener conocimiento de lo que compra se lo concede a su hijo sin que éste, en muchas ocasiones, ni siquiera se lo merezca. Hay niños (entre cuatro y diez años) que diariamente pasan por el kiosco a la vuelta del colegio para comprar chucherías.

Cuantas veces nos convencen nuestros hijos para ver un programa de TVE que nosotros consideramos que no es del todo apropiado. Así podríamos hacer una lista con todas aquellas cosas que piden nuestros hijos y que sabiendo que no son buenas para su salud física o psicológica, se las concedemos.

¿Qué está ocurriendo? ¿Por qué somos tan débiles ante la presión de nuestros hijos? Y sin embargo ¿Por qué somos tan críticos con la forma que tienen los demás de actuar?

La pregunta es la siguiente: ¿por qué somos tan exigentes con el trabajo de los demás y dedicamos tan poco tiempo a reflexionar sobre si lo que hacemos nosotros es coherente con lo que pensamos que debemos hacer? ¿Cómo nos sentimos cuando no actuamos como realmente creemos que deberíamos actuar? ¿No será que la crispación que vive actualmente nuestra sociedad es un reflejo de la insatisfacción producida por no obrar en consecuencia?

Es muy posible que la incapacidad para conseguir que nuestros hijos hagan lo que deben, nos ponga en contra de nosotros mismos. Al no asumir nuestra responsabilidad culpamos a otras personas de las situaciones que se generan.

Un ejemplo:
Situación: Domingo por la mañana, Alfredo y Susana padres de dos hijos (Ana 7años y Raúl 5 años), se levantan ilusionados y con deseo de salir a pasear con los niños.

–¡Alfredo! Anda por favor ayúdame y ve vistiendo al niño que estoy terminando de recoger el baño.
–Raúl, vamos a tu habitación que te voy a vestir.

—Papá, ponme las botas de fútbol ¿vale?

—No hijo, las botas de fútbol son para jugar al fútbol o para hacer deporte.

—Pues yo quiero las botas de fútbol

—Te he dicho que no, ¡Vamos!.

—Pues tú no me vistes, quiero con mamá, bua, bua…

—¡Mira niño que te doy un azote!. Como te pongas pesado no vamos a ningún sitio.

—¡Déjame! Yo no quiero que tú me vistas, vete, no te quiero, bua, bua.

—¡A ver Susana, este niño dice que si no le pongo las botas de fútbol no se viste!

—Pero Alfredo, ¡es que no eres capaz de vestir al niño! Desde luego estoy harta, parece que tengo tres hijos en vez de dos.

—Oye guapa, el problema es tuyo, al fin y al cabo la que pasa más horas con el niño eres tú, así que podías preguntarte de vez en cuando a quién se deben los caprichitos del niño. Así que, ¿sabes que te digo?, que me quedo en casa que entre el niño y tú me habéis amargado la mañana. Así que no salgo.

A partir de este momento tanto Alfredo como Susana están malhumorados culpando el uno al otro de la situación que se ha generado.

Pero en realidad ¿Quién es culpable, Susana, Alfredo o Raúl?

Si esa noche Susana y Raúl van a salir con amigos, es muy posible que las emociones que no han sido digeridas, se vuelquen en la cena enmascaradas en discusiones acaloradas sobre política, fútbol, injusticia social y demás temas de conversación que imperan en la reuniones de amigos y que lo único que hacen es dar salida a toda nuestra insatisfacción personal, a través de temas de los que no nos sentimos responsables.

¿Observamos en este tipo de reuniones cómo se discute? ¿Percibimos la capacidad que tenemos para resolver conflictos? ¿Con qué seguridad criticamos el trabajo de los demás y qué habilidad desarrollamos para cambiar las cosas, dando ideas para hacer lo que otros no hacen?

¡Qué fácil es ver la paja en el ojo ajeno!

A veces son nuestros hijos los que nos explican cómo funciona un móvil o como se graba un disco con canciones bajadas de Internet, etc. Nosotros sin embargo le apuntamos a violín, judo, pintura, ballet, inglés, chino o a cualquier otra actividad que pensamos puede completar su formación. Ocupamos los fines de semana, llevándoles al cine, a centros de ocio, a fiestas infantiles, etc. sin darnos cuenta que la niñez pasa muy rápido y que no vamos a poder volver atrás. No somos conscientes de que estamos perdiendo un tiempo precioso para enseñarle, por ejemplo, a trabajar sobre cómo se hacen amistades o aprender a soportar burlas o a superar la timidez o a defender el propio criterio sin ofender a prójimo, a emplear un vocabulario adecuado, sin que por ello merme sus cualidades de "adulto", a saber asumir responsabilidades, a disfrutar, a amar y en definitiva a vivir de forma **emocionalmente inteligente.**

¿Es tan aventurado pensar que nuestro hijo lo que está pidiendo a gritos son límites y restricciones? ¿Por qué no le damos lo que demanda?

Quizá lo que el hombre del siglo XXI demanda es que le devuelvan la ilusión y las ganas de aprender "cosas útiles" para enfrentarse a los problemas que desde su perspectiva actual intuye pueden ser el núcleo de su actual apatía intelectual y su falta de ilusión.

La educación familiar debería ir en consonancia con la académica y crear conjuntamente ciudadanos reflexivos, críticos que sean capaces de compartir con otras personas una manera de conocer y reflexionar sobre las circunstancias que rodean su vida. Para ello es preciso que el aprendizaje sea útil, que le permita hablar con propiedad. Y ello, desde luego, lleva a interrogarse sobre algunas cuestiones: ¿qué valores personales y sociales son los que entendemos como más útiles para integrarse en la familia, en el colegio y posteriormente en la sociedad?

Se trata de que nuestro hijo sea capaz de aprovechar el conocimiento que le transmitamos para poder analizar críticamente los factores que inciden en su manera de sentir, conocer y actuar y le capacite en la toma de decisiones.

Y ello es difícil de definir, pero imprescindible si se quiere plantear un debate sobre la educación familiar.

Es preciso definir los elementos que componen la calidad. Qué y cómo debemos transmitir a nuestros hijos para hacerles autónomos y con criterio de hijo y ciudadano, para que sea capaz de discriminar los mensajes que recibe fuera del hogar.

DESDE EL PUNTO DE VISTA FAMILIAR
¿Podemos hablar de crisis?

El papel que representa la familia en el ámbito social es de gran relevancia.

Existen numerosas situaciones que alteran el núcleo familiar, como la muerte o enfermedad de uno de los progenitores o de un ser querido por el niño, el abandono, separación del matrimonio, nuevo matrimonio de uno de los padres, nacimiento de un nuevo hermano, etc. Situaciones hoy mucho más frecuentes y que siempre que no estén bien enfocadas, afectan enormemente el desarrollo emocional del niño.

Los estilos educativos de los padres, hoy varían. No podemos hablar de porcentajes pues no hay investigaciones sobre ello, pero sí podemos hablar de tres tipos de estilos educativos diferentes:

- Padres que ejercen su autoridad con una severidad excesiva o disciplina extrema, o bien un exceso de perfección. Este tipo de padres crean unas expectativas en sus hijos que no pueden alcanzar, (tienen que ser los mejores) lo que genera una fuerte inseguridad en el niño que nunca podrá llegar a las altas metas fijadas y como consecuencia se sentirá frustrado si no lo consigue.

- Por el contrario, con un exceso de protección, el niño excesivamente mimado y protegido, se desarrolla también en un clima de inseguridad ya que no ha aprendido a enfrentarse solo a las frustraciones si "mamá o papá" no están allí para resolver el problema.

- Por último están también aquellos padres con estilos educativos distintos. Este estilo de padres, está formado por dos personas que en un principio tenían los mismos principios educativos. Se regían, aparentemente por los mismos patrones, pero una vez que los hijos vienen al mundo entonces las relaciones padre/hijos, madre/hijos se establecen de distinta manera. Los esquemas de comportamiento para con los hijos son diferentes y vienen motivados por el tipo de relación que se establece y a la que me referido anteriormente. Este tipo de comportamiento produce un gran desconcierto en el menor pudiendo éste reaccionar de dos maneras.

  - Utilizar a sus padres según la conveniencia, lo que generalmente provoca enfrentamiento entre los progenitores. En este caso, el menor abre una grieta entre ellos aprovechando así su debilidad para salirse con la suya.
  - Encerrarse en sí mismo por miedo a que sus requerimientos ocasionen enfrentamientos de los que luego él se sienta culpable.

Ambas suelen provocar en el niño, sensación de falta de afecto, sentimiento de indiferencia por parte de sus padres, etc. Emociones que no sabe canalizar y que suelen aflorar posteriormente de múltiples maneras.

También hay otro grupo muy extendido en nuestra sociedad, formado por aquellos niños que están solos en casa debido al horario profesional de sus padres. Estos niños, carecen del apoyo, de la presencia de un adulto que les enseñe unas normas adecuadas que les ayude a "*digerir*" la gran cantidad de información que llega a los hogares. Las televisiones, teléfonos, medios informáticos, revistas y diarios constituyen un conjunto de informaciones diversas que se amontonan sin orden previo en nuestras habitaciones. La saturación de información es enorme y todos los profesores podemos poner ejemplos de alumnos que «oyen», pero no escuchan, o que «miran» pero no ven.

En todos los casos el desarrollo emocional del niño se resiente. Unas veces más que otras. Pero lo que está claro es que los patrones de conducta se van asentando.

A partir de los 12 años empiezan a cobrar importancia las relaciones entre iguales, es decir entre amigos/as. En muchos casos más importantes que las que les unen a sus padres. Este tipo de sentimientos hacia los iguales no duran toda la vida, pero los lazos que se crean pueden en muchos casos paliar y mejorar la conducta de nuestro hijo o, en el peor de los casos desarrollar en "el caldo de cultivo" que hemos creado, los valores que se reproducirán en su vida adulta.

Hablamos permanentemente de conductas antisociales y fracaso escolar. ¿Tendrá que ver algo todo esto?

Estamos comprobando cómo los problemas de los chicos generados por su relación con el alcohol y las drogas, son cada vez más preocupantes. En el menor de los casos, se nota en los primeros días de la semana, después de un fin de semana de consumo abusivo, y que desgraciadamente puede condicionar no sólo su rendimiento sino también su vida.

Los últimos estudios[1] hablan de un 29% de fracaso escolar, que es muy superior a la media europea, en concreto, sólo nos supera Portugal. Quedamos muy lejos del 7% que existe en Suecia por ejemplo. Esta media ha ido subiendo e incrementándose a pesar de que, debido al descenso demográfico en España, cada vez son menos los estudiantes. Las cifras en el año 1999 ya eran alarmantes. En la enseñanza media un 32% de los alumnos repetían curso, un 35% no terminaban con éxito 2º de ESO. El 48% no superaban el bachiller y en la

---

1   (www. psicopedagogía.com/articulos/?articulo=454)

universidad el abandono de los estudios rondaba el 50%. Ahora estas cifras se superan con creces.

Desde distintos ámbitos se está analizando la situación en busca de soluciones. Sin embargo, no parece que los expertos se acerquen a ninguna en concreto.

Las TICs (Tecnologías de Información y Comunicación), tienen revolucionados a los jóvenes y es nuestro deber buscarles una aplicación para que se haga de ellas un uso que favorezca el aprendizaje en vez de entorpecerlo, deformarlo o, en el peor de los casos, impedirlo. Debemos ser conscientes que las nuevas tecnologías deben suponer una ayuda y no un problema para nuestros hijos. No me refiero a que nosotros debamos enseñarles cómo se usan, que no estaría de más, sino todo lo contrario, evitar en la medida de lo posible que su uso indiscriminado les afecte en su rendimiento académico y por ende a su desarrollo personal.

Sin duda se necesita un cambio en la dinámica de las rutinas que abundan en las relaciones familiares, pero para ello es necesario un cambio de pensamiento. Esto requiere un gran esfuerzo de disciplina en el ámbito familiar. Se sabe que sólo un planteamiento no es un elemento suficiente para cambiar las relaciones de convivencia en el hogar, pero sí constituye el primer elemento necesario para mejorar el orden y por ende la convivencia.

Los padres deben tener claro qué es lo que quieren de sus hijos y en función de ello desarrollar los valores, actitudes y habilidades de competencia personal y social, que les permitan afrontar y resolver con mejores recursos aquellas situaciones que les impiden desarrollarse con éxito en el ámbito escolar. De esta forma, la escuela sólo se ocuparía de aportar los conocimientos necesarios que sirvieran de base para formar a los jóvenes en el aspecto académico, permitiéndoles con ello dar el salto a la universidad orientándoles en el ámbito profesional.

Pero….¿Se sabe cuáles son los intereses de nuestros hijos? ¿Son los mismos que los nuestros? ¿Deseamos que sean los mismos? ¿Permitimos que tengan otros? ¿Cuáles? ¿Con qué condiciones?

DESDE EL PUNTO DE VISTA SOCIAL
¿Podemos hablar de crisis?

También desde el punto de vista social se suceden cambios, que inciden directamente en la vida de nuestro hijo.

Relacionemos los datos ofrecidos anteriormente con las nuevas adicciones infantiles, el móvil, la televisión o los vídeojuegos y el ordenador, que cuando no existe control pueden perjudicar de una forma importante no sólo su rendimiento escolar sino también su vida personal.

(Madrid, Cimac)[2] Más del 60 por ciento de los menores españoles presencia agresiones verbales sistemáticas en sus centros escolares y el 39 por ciento de los delitos contra la libertad sexual tiene como víctima a una persona menor de 16 años, según un estudio elaborado por la Universidad de Comillas, con el apoyo del Ministerio de Trabajo de España. El estudio analiza en conjunto una serie de datos y encuestas publicadas entre los años 1981 y 2000, en las cuales se pueden establecer comparativos sobre la situación de la infancia española.

Tras elaborar una serie de análisis estadísticos, los autores señalan que, actualmente, 1.178.702 menores de 14.000.000 padecen algún tipo de abuso sexual.

El director del estudio, Fernando Vidal, ha señalado que la importancia de este informe "no está en la novedad de los datos, sino en una visión conjunta de los mismos".

Sobre la televisión y la infancia, el informe señala que los niños comienzan a ver la televisión a los dos años, y en promedio le dedican dos horas en los días hábiles y tres en los festivos.

Estos números permiten establecer que un menor de 15 años de edad habrá estado sentado frente al televisor unas 12 mil horas, es decir el equivalente a 17 meses, día y noche.

____

2   Informe elaborado por la Universidad de Comillas 17–07–2003   http://www.mujereshoy.com/secciones/992.shtml

El análisis reveló que los padres han modificado su percepción acerca de los valores que deben inculcar a sus hijos.

En 1981, el 53 por ciento creía que lo primero que debían aprender los pequeños eran buenos modales, mientras que en 1999, el 86 por ciento consideraba que este valor era el más importante.

Hoy, la tolerancia es otro de los valores más apreciados en las familias españolas, sin embargo se comprueba la gran dificultad para inculcarlo.

Los adolescentes creen que ya saben muchas cosas, sólo porque han oído hablar de ellas y que además pueden «aprender sin esfuerzo», pues es lo que leen en muchos anuncios de fascículos de aprendizaje de idiomas o cualquier otra cosa. Estos estudiantes están cayendo en lo que se denomina un analfabetismo funcional, pues no entienden las palabras que oyen en televisión, no saben localizar los países en un mapa, no son capaces de localizar los hechos históricamente, pero sobre todo, «les da igual» no saber explicar estos hechos.

La ausencia de un orden en la incorporación de estas ideas en nuestro cerebro crea una gran confusión en la mente de los alumnos, que se puede apreciar con claridad cuando se expresan verbalmente, sea de forma oral o escrita, sin embargo, parece que a ellos les da igual. Se conforman con que se les entienda. Comprobamos cómo se reduce el vocabulario a palabras que repiten con frecuencia y que engloban mensajes completos: "jo tío, no jodas" significaría "no estoy de acuerdo con tu planteamiento", "mejor podríamos hacer otra cosa", etc. Economizan el lenguaje al tiempo que utilizan vocablos de moda con los que se transmite mucha información, pero claro, es una información referida exclusivamente a su ámbito y por desgracia, en general, es un ámbito muy pobre en cuanto a lenguaje y pensamiento se refiere.

El problema es que se les está atrofiando la capacidad para emitir mensajes que requieren un mínimo de contenido intelectual. Esta dificultad viene inmediatamente asociada por la incapacidad para pensar.

Si no hay pensamiento, no hay lenguaje y no hay pensamiento porque no hay reflexión y no hay reflexión porque no interesa y no interesa porque no encontramos la solución.

Ése es el verdadero problema.

Los jóvenes no tienen en qué pensar, la sociedad ya se encarga de ello. Los mensajes de captación permanentes que se emiten en todos los escenarios sociales, hacen que los jóvenes se identifiquen con grupos ya sea sociales, políticos, deportivos, religiosos, etc. y defiendan sus ideas a ultranza. Parece que algunos aprovechan ahora que se ha perdido la capacidad de pensar para hacer acopio de personal que defienda los intereses de unos cuantos. Entonces todo lo que se salga de su centro de interés no tiene importancia. Sólo les interesan unas pocas cosas y lo académico queda, generalmente en un segundo plano. A la hora de realizar las tareas escolares, les da igual el resultado.

Así está ocurriendo en las aulas. Los responsables tienen que bajar los niveles de exigencia para conseguir unos mínimos y es esta situación la que constituye una de las esencias de la disciplina escolar: la incapacidad, por parte de los docentes, de transmitir el valor del trabajo bien hecho.

Mi experiencia como docente me lo confirma. Ahora mismo, toda la motivación de un alumno de nueve años se reduce a rellenar fichas y entregarlas. No importa cómo estén hechas. Además si el alumno tiene la posibilidad de reducir su esfuerzo, bien con ayuda de sus padres, profesores particulares o compañeros de clase, no duda en ponerse en sus manos. Les da igual si está bien o mal hecha la tarea. Está hecha.

No hay un estímulo social por este esfuerzo respecto al trabajo bien realizado. Y no sólo por la publicidad de los fascículos a los que nos referíamos anteriormente, sino también por las promesas de trabajo rápido y fácil.

Existe una engañosa expectativa, para los adolescentes, sobre el hecho de poder obtener unos ingresos monetarios fáciles en un trabajo a tiempo parcial, pues creen que esta manera de relacionarse con el mundo laboral es posible para un futuro sin dependencia de los padres. Y ello les hace valorar el esfuerzo escolar como poco útil, pues tienen ejemplos de compañeros que sin mucha preparación son capaces de ganar unos pocos euros en un trabajo parcial, sin analizar cómo trabajan y cuál es el horizonte laboral a diez años vista. Son nuevas maneras de ver el mundo y que inciden en la concepción del sistema escolar.

La falta de pudor con que programas de televisión, muestran modelos de relaciones humanas aceptables, proyectan al niño hacia la adquisición de patrones aparentemente permitidos y válidos pero en el mayor de los casos inaceptable desde el punto de vista ético y moral.

Relaciones entre adolescentes, padres e hijos, profesores y alumnos, matrimonios, parejas de hecho, y todo el entramado de relaciones que se dan en la sociedad actual. Esos modelos de relaciones humanas amorales, que se introducen en nuestros hogares a cualquier hora y que deterioran en gran medida la labor de padres y profesores.

Jóvenes que filman vejaciones a compañeros de las que luego se jactan, hijos que denuncian a sus padres, profesores que insultan a sus alumnos, alumnos que mantienen relaciones sexuales con sus profesores, padres que abusan de sus hijas, fiestas multitudinarias en las que la droga y el alcohol son compañeros insustituibles, y un largo etcétera. Programas que no respetan los horarios de los pequeños de la casa, programas contribuyen a crear como decía anteriormente en nuestros hijos un mundo que aunque en cierta medida es real no les enseña a discernir entre lo que excelente, lo bueno, lo mediocre, lo malo y lo inaceptable.

La situación actual avoca a los jóvenes a un mundo de indiferencia que da paso a la búsqueda de sentimientos hedonistas que se imponen sin remedio a los principios éticos, asumiendo nuevos valores cuya premisa viene marcada por el pragmatismo del presente, basado en el sentir artificialmente lo que sea y como sea. Centrado en el tener y no en el ser.

DESDE EL PUNTO DE VISTA EDUCATIVO
¿Podemos hablar de crisis?

Para abordar este punto de vista es necesario tener presente la figura del profesor. El profesor tiene un papel muy importante en el proceso enseñanza – aprendizaje, algo que parece contradictorio dada la situación de desprestigio social en la que se encuentra actualmente el profesor.

Sí es verdad que con el uso de las nuevas tecnologías el papel del profesor presencial ha perdido la imagen que tenía anteriormente. A medida que el alumno es más autosuficiente y más hábil en el uso de los medios, el profesor parece que queda relegado a un segundo plano. Pero no debemos interpretarlo como algo negativo. Todo lo contrario. Que sea el alumno el protagonista del proceso sin que por ello pierda significado la figura del profesor es algo a lo que debemos irnos acostumbrando.

El estudio, auspiciado y financiado por el Consejo Social[3] de la Universidad de Salamanca, refleja que los jóvenes universitarios otorgan una mayor responsabilidad a los factores relacionados con el profesorado cuando intentan explicar las posibles causas de su bajo rendimiento. Así entre las quejas más habituales figuran la "falta de estrategias de motivación", la "escasa comunicación con los alumnos", el "tipo de examen utilizado", la "excesiva exigencia" e, incluso, la "subjetividad del profesor en la corrección". Parece claro que hay suficientes variables que inciden en el rendimiento del alumno y que dependen del profesor.

El profesor es el que dirige y controla la situación. Él debe conocer las herramientas y es el responsable de crear las condiciones para que se sucedan. Otra cosa es que se le quiera dar más protagonismo al alumno. Pero no nos equivoquemos, a veces se le da mayor protagonismo porque la situación nos supera y el miedo a admitir que nuestros alumnos saben más, nos obliga a prescindir de las nuevas

---

3   http://www.universia.es/portada/actualidad/noticia_actualidad.jsp?noticia=60213

tecnologías o bien a hacer un mal uso de las mismas. Esa inseguridad es, en muchas ocasiones, aprovechada por alumnos y familiares para poner en tela de juicio la capacidad del profesor.

La responsabilidad del proceso de enseñanza–aprendizaje recae exclusivamente en el profesorado, el docente es el que decide el modelo pedagógico que debe aplicarse en cada situación. Así pues el modelo donde impera, por activa o por pasiva, el individualismo y la competitividad y no hay lugar para el trabajo en equipo, se debe a la gestión del profesor, y el alumno deberá acatar sin cuestionar si ese modelo es el idóneo o no. Sabemos que en muchas ocasiones no es el mejor, pero los alumnos deben asumir su rol y aprender a respetar la autoridad de su profesor.

En otras ocasiones, el aprendizaje cooperativo que parte de la convicción, largamente experimentada en la práctica, de que el alumnado aprende de una forma más sólida y estimulante cuando, amén de la intervención docente, se suceden de una manera continua las interacciones y las ayudas mutuas entre todos los alumnos y alumnas. Es responsabilidad del profesor crear un clima donde se den este tipo de ocasiones de aprendizaje y el/la alumno/a deberá aprovechar este modelo de intervención para compartir conocimiento y aprender a trabajar en equipo. Este tipo de modelo es mucho más valorado por los alumnos, sin embargo, dada la situación social en la que se encuentra la escuela actualmente, requiere unas habilidades por parte del profesor que difícilmente posee.

El modo con que un profesor gestiona su aula proporciona mucha información sobre el estilo de enseñanza del mismo y su implicación en el proceso. Así pues el trabajo gestionado por el profesor pero protagonizado por los alumnos donde el profesor es un mero instructor que motiva, dirige, controla y suministra las herramientas para el aprendizaje y donde los alumnos se relacionan, se expresan, comparten, crean, aprenden y se desarrollan, implica que detrás de todo, hay un docente preocupado por el alumno que tiene en cuenta sus diferencias individuales –aquellas que les hacen singulares – y que desecha las desigualdades y las injusticias, que da una gran importancia a valores como el diálogo, la cooperación, la convivencia, el respeto por las diferencias, la solidaridad.

Este es el modelo deseable. Sin embargo, escuchamos permanentemente noticias en radio y televisión de alumnos que ni siquiera son capaces de sentarse en su sitio y mucho menos de atender. Asisten a clase obligados por la ley sin ningún tipo de concienciación. Durante la jornada escolar utilizan a sus compañeros y profesores para desarrollar conductas aprendidas de las que hablábamos en el apartado anterior. Insultan a sus profesores, vejan a sus compañeros, etc. y todo para sentirse poderosos, para demostrarse que son dueños de sí mismos. Que ellos controlan.

Hemos querido crear aulas de iguales cuando no somos iguales, hemos confundido los derechos con los deberes y eso en detrimento del progreso de los alumnos que quieren aprender. Este hecho potencia en los profesores una pérdida de motivación optando, al final, por "cubrir el expediente", en el mejor de los casos; en otros hay bajas por salud mental, siendo los alumnos los que sufren sustituciones permanentes en el mejor de los casos o ausencia de profesorado en otros. Esta dinámica que se repite diariamente tiene como resultado el deterioro del proceso enseñanza – aprendizaje al interrumpirse permanentemente el ritmo.

Es por ello por lo que debemos tomar conciencia de la importancia de la figura del profesor como responsable de las estrategias de metodología aplicable, declaración de intenciones, gestión del aprendizaje en el aula, distribución de roles de los alumnos, tipo de evaluación y todos aquellos factores que combinados con el uso de las nuevas tecnologías, permitan obtener de sus alumnos el máximo rendimiento académico.

Pero al final es todo demagogia pura y dura, eso sería lo deseable, lo coherente y lo que se debería exigir al profesor. Sin embargo mientras la figura del profesor no esté reconocida por las instituciones, difícilmente podemos concienciar a la sociedad de su valor en la formación de los alumnos. Actualmente, lo que tenemos en un gran porcentaje son profesores desmotivados y alumnos fracasados.

El problema del fracaso escolar es algo que afecta al conjunto de la sociedad y que "parece" preocupa a todos los gobiernos de países modernos.

Es muy difícil definir fracaso escolar, ya que este concepto tendrá varias definiciones según se refiera al individuo, a la institución o a la sociedad y dependiendo de esto, mayor o menor dificultad de intervención en el aula; por ello no he querido pararme demasiado en este aspecto ya que es de sumo interés y requiere un a mayor atención. Sin embargo si considero necesario mencionarlo desde el punto de vista de las habilidades personales y sociales del alumno que es desde donde cobra interés, ya que desde ese ámbito permite su intervención.

Según Rivière (1990), el concepto de fracaso escolar está estrechamente ligado a la organización del sistema educativo de cada país, así como a sus objetivos y a la existencia de procedimientos de evaluación:

- Está relacionado con dificultades en la adquisición de conocimientos o con problemas de adaptación en la escuela;
- es la reproducción de una situación al final de la formación, por ejemplo, o la expresión de una situación evolutiva compleja;
- es parcial o masivo, permanente o momentáneo;
- es normal en una escolaridad, o bien juzgado como dramático, perjudicial, irreversible;
- tiene una naturaleza diferente según la edad en la que se constata.

En función de esto, cabe pensar la ambigüedad que supone su estudio. Cuando un niño no aprende a leer a la edad que le correspondería según el proceso evolutivo de la lecto–escritura, ¿se puede afirmar categóricamente que tiene dificultades de aprendizaje?; ¿se puede pronosticar fracaso escolar?

El hecho de que un niño no lea es algo perceptible y demostrable. Pero la razón de que no lea, muchas veces se escapa de las manos, pues no obedece a ninguna causa observable. Esa ambigüedad entre lo perceptible y lo oculto hace muy difícil el análisis y el tratamiento del problema.

Es fracaso escolar, está ligado a diversas variables y una de ellas es el ambiente familiar y social en el que se desarrolla el niño. Si embargo, al ver que la situación iba tomando un cariz que requería una atención más generalizada, la OCDE inició el proyecto PISA[4] en 1997 con el propósito de ofrecer resultado sobre rendimiento educativo de los alumnos de 15 años en áreas consideradas clave, como son la competencia lectora, la matemática y la científica. Se trataba de que estos resultados pudieran completar el panorama de indicadores educativos que viene publicando la OCDE desde 1992. Pero, sobre todo, se buscaba un modo de compromiso de los gobiernos para estudiar la evolución de los resultados de los sistemas educativos a través de los logros de los alumnos. PISA trata de proporcionar nuevas bases para el diálogo político y la colaboración en la definición y adopción de los objetivos educativos y de las competencias que son relevantes para la vida adulta.

El estudio PISA está organizado y dirigido cooperativamente por los países miembros de la OCDE, en colaboración con un número cada vez mayor de países asociados. El total de países participantes fue de 32 en 2000, 41 en 2003, 57 en 2006 y será de 64 en 2009; de ellos, los 30 países miembros de la OCDE y 34 países asociados.

Este estudio evalúa a los alumnos de 15 años en su centro educativo; es una edad en la que se hallan próximos a finalizar la escolaridad obligatoria en la mayoría de los países participantes, lo que los convierte en un grupo de edad adecuado para valorar su grado de preparación frente a los desafíos diarios de las sociedades modernas.

Su principal objetivo, pues, es generar indicadores de rendimiento educativo; no es propiamente un proyecto o trabajo de investigación en sí, aunque los datos aportados puedan ser de gran interés para los investigadores de la educación.

---

4   www.mepsyd.es/mecd/gabipren/documentos/files/informe–espanol–pisa–2006.
     pdf

Tampoco es un estudio orientado directamente a los centros educativos y a los procesos de enseñanza–aprendizaje, sino a la definición y formulación de políticas educativas de más largo alcance. Se centra principalmente en averiguar hasta qué punto los alumnos son capaces de usar los conocimientos y destrezas que han aprendido y practicado en la escuela cuando se ven ante situaciones, muchas veces nuevas para ellos, en los que esos conocimientos pueden resultar relevantes. Es decir, evalúa cómo los alumnos pueden hacer uso de su capacidad lectora para comprender e interpretar distintos tipos de material escrito con el que probablemente se van a encontrar al gestionar su vida diaria; de qué forma pueden utilizar su competencia matemática para resolver distintos tipos de retos y problemas relacionados con las matemáticas; y el modo en que los alumnos pueden hacer uso de sus conocimientos y destrezas científicas para comprender e interpretar distintos tipos de contextos científicos. Las competencias adquiridas reflejarían la posibilidad de los alumnos de continuar aprendiendo a lo largo de su vida, aplicando lo que aprenden en la escuela y fuera de ella, evaluando sus opciones y tomando decisiones.

Además de analizar el *nivel de rendimiento* de los alumnos en las áreas evaluadas, PISA aporta información sobre distintos aspectos de su entorno familiar y escolar y también datos de los centros sobre su organización y oferta educativa.

Con esta información se facilita un estudio pormenorizado de los factores que pueden estar asociados con los distintos niveles de competencia lectora, matemática y científica de los alumnos de 15 años de cada país. Entre otros factores, se estudia la importancia del nivel de estudios y la cualificación profesional de los padres, el grado de bienestar económico del hogar, la relación de profesores y alumnos, las horas dedicadas a cada área dentro y fuera del aula, y las estrategias de apoyo o ayuda a los alumnos con dificultades de aprendizaje. Se valora también la influencia en el rendimiento de los alumnos según el país de procedencia de las familias, el porcentaje de alumnos inmigrantes y sus posibles dificultades de aprendizaje. En relación con las circunstancias específicas de los alumnos, se investigan las diferencias de rendimiento y actitudes según el sexo, la importancia de la historia escolar del alumno, su confianza en la capacidad de superar obstáculos en las distintas áreas, las estrategias de aprendizaje que utilizan y el interés o gusto por el estudio de cada área. También, se observa la relación entre los resultados y el PIB per cápita o la inversión pública de cada país en educación.

Otro interés de PISA es la conexión de lo que se aprende en la escuela con el aprendizaje a lo largo de la vida, pues no se limita a evaluar las competencias curriculares y transversales de los alumnos, sino que también informa sobre su motivación para aprender, la percepción de sí mismos y las estrategias que utilizan como sujetos de aprendizaje.

Los análisis resultantes de la combinación de niveles de rendimiento y factores posiblemente asociados son de enorme interés para los responsables políticos de los países participantes y para los investigadores que buscan comprender mejor la realidad de nuestra educación.

Los estudios PISA se aplican cada tres años. En cada aplicación se estudian los rendimientos de los alumnos en tres competencias: lectura, matemáticas y ciencias, pero una de ellas, de forma rotatoria, recibe una atención más profunda, mientras que las otras dos son objeto de un somero sondeo. PISA 2003 tuvo como competencia principal las matemáticas y PISA 2006, las ciencias. En 2009 comenzará un segundo ciclo, centrado de nuevo en la lectura.

En 2003 España obtuvo los siguientes resultados:

Matemáticas

	Media	E.T.	S		Media	E.T.	S
1 Hong Kong China*	550	(4,5)	^	21 Eslovaquia	496	(3,3)	–
2 Finlandia	544	(1,9)	^	22 Noruega	495	(2,4)	–
3 Corea	542	(3,2)	▲	Cataluña	494	(4,7)	–
4 Holanda	538	(3,1)	▲	23 Luxemburgo	493	(1,0)	–
5 Liechtenstain*	536	(4,1)	▲	24 Polonia	490	(2,5)	–
6 Japón	534	(4,0)	▲	25 Hungría	490	(2,8)	–
7 Canadá	532	(1,8)	▲	26 España	485	(2,4)	–
8 Bélgica	529	(2,3)	▲	27 Letonia*	483	(3,7)	–
9 Macao–China*	527	(2,9)	▲	28 Estados Unidos	483	(2,9)	–
10 Suiza	527	(3,4)	▲	29 Rusia*	468	(4,2)	▼
11 Australia	524	(2,1)	▲	30 Portugal	466	(3,4)	▼
12 Nueva Zelanda	523	(2,3)	▲	31 Italia	466	(3,1)	▼
13 República Checa	516	(3,5)	▲	32 Grecia	445	(3,9)	▼
14 Islandia	515	(1,4)	▲	33 Serbia*	437	(3,8)	▼
15 Dinamarca	514	(2,7)	▲	34 Turquía	423	(6,7)	▼
16 Francia	511	(2,5)	▲	35 Uruguay*	422	(3,3)	▼
17 Suecia	509	(2,6)	▲	36 Tailandia*	417	(3,0)	▼
18 Austria	506	(3,3)	▲	37 México	395	(3,6)	▼
Castilla y León	503	(4,0)	▲	38 Indonesia*	360	(3,9)	▼
19 Alemania	503	(3,3)	▲	39 Túnez*	359	(2,5)	▼
20 Irlanda	503	(2,4)	▲	40 Brasil*	356	(4,8)	▼
País Vasco	502	(2,8)	▲	Promedio OCDE	500	(0,6)	

E.T. Error Típico

S. Significatividad de la diferencia con España

▲ Más alta

▲ Más baja

*Los países con asterisco no son miembros de la OCDE

El cuadro sitúa el rendimiento de los alumnos españoles en relación a las matemáticas. Las puntuaciones se expresan en una escala de 500 puntos de media (valor medio OCDE) y con una desviación típica de 100. Puede observarse que España queda, de forma estadísticamente significativa, por debajo de la media OCDE, sin diferenciarse de países como EEUU, Polonia, Noruega y Hungría, por encima de países OCDE de nuestro entorno como Italia, Portugal y Grecia y por debajo de los países nórdicos, centroeuropeos, de Oceanía y asiáticos. También, de forma significativa, los resultados de los alumnos de Castilla y León y País Vasco son mejores que los de alumnos catalanes y del resto del Estado.

Tres años más tarde, el informe PISA 2006 comprueba que el resultado promedio español en competencia matemática (480) es ligeramente inferior al de 2003 (485) y similar también al de 2000. Las diferencias entre los tres años son ligeras y los tres promedios españoles se sitúan próximos a los promedios OCDE, como ocurre en ciencias.

Sin embargo, en comprensión lectora 2006 se ha producido un descenso general en todos los países, que es muy notable en el promedio español: 461 puntos, diez puntos por encima del *Total Internacional*, pero 23 por debajo del *Total OCDE* y 31 por debajo del *Promedio OCDE*. Este resultado español en comprensión lectora es francamente preocupante y confirma el resultado español también pobre en comparación con los de los países de nuestro entorno en el estudio de la IEA, PIRLS, que valora la comprensión lectora a los 9 años (4º de primaria).

El resultado del Informe PISA 2006 en comprensión lectora es también bajo en el conjunto de las comunidades autónomas. Solamente La Rioja iguala el *Promedio OCDE* (492 puntos) y se le aproxima País Vasco (487). El resto de las comunidades, salvo Andalucía, se sitúan en torno al *Total OCDE* (484).

El descenso relativo producido entre 2000 y 2006 y la comparación internacional justifican la propuesta realizada en la LOE de dedicar un tiempo específico a la lectura en todas las etapas y en las diferentes áreas y materias.

El informe ha servido para que organismos e instituciones analicen el porqué de estos resultados y así se impliquen más en el desarrollo de programas educativos que mermen estas diferencias.

Ante los resultados sobre la falta de motivación de los estudiantes para aprender, lo que piensan de sí mismos, sus estrategias de aprendizaje y destrezas para integrarse en la vida adulta que nos ofrece dicho informe, se ha visto que es necesario en principio un cambio de creencias en el profesorado para ajustarse a su nuevo rol así como «nuevas competencias» para afrontar la comunicación en las aulas.

Se insiste sobre la necesidad de contar con un profesorado convenientemente formado, motivado y comprometido con la labor de grupo.

También debe cambiar el funcionamiento de los centros, su organización y la diversidad de su alumnado, "pues se demuestra que los centros que presentan un cierto grado de heterogeneidad entre sus estudiantes obtienen unos resultados académicos más positivos".

También se solicita ayuda y medios para los profesores que, en muchas ocasiones, son también víctimas del acoso.

En el Congreso sobre Convivencia en las Aulas que se celebró en Madrid en abril del 2005 se reitera la necesidad de forzar la formación y la autoridad moral del profesorado, además de coordinar los servicios de orientación.

Una vez más se adivina la importancia del papel del profesor en el desarrollo del alumno y su responsabilidad en el proceso de aprendizaje.

La LOGSE en 1990 consagraba su título 4 (artículos 55 a 62) a la calidad de la enseñanza, y en especial los artículos 56 y 59. En ellos se especifica el papel de la formación inicial y permanente del profesorado y el fomento de investigaciones que favorezcan la elaboración de proyectos innovadores en el aula.

Artículo 56

1. La formación inicial del profesorado se ajustará a las necesidades de titulación y de cualificación requeridas por la ordenación general del sistema educativo.

2. La formación permanente constituye un derecho y una obligación de todo el profesorado, y una responsabilidad de las Administraciones educativas y de los propios centros. Periódicamente, el profesorado deberá realizar actividades de actualización científica, didáctica y profesional en los centros docentes, en instituciones formativas específicas. en las universidades y, en el caso del profesorado de formación profesional, también en las empresas.

3. Las Administraciones educativas planificarán las actividades necesarias de formación permanente del profesorado y garantizarán una oferta diversificada y gratuita de estas actividades. Se establecerán las medidas oportunas para favorecer la participación del profesorado en estos programas. Asimismo, dichas Administraciones programarán planes especiales mediante acuerdos con las universidades para facilitar el acceso de los profesores a titulaciones que permitan la movilidad entre los distintos niveles educativos, incluidos los universitarios.

4. Las Administraciones educativas fomentarán:

   a)Los programas de formación permanente del profesorado.

   b)La creación de centros o institutos pa,,a la formación permanente del profesorado.

   c)La colaboración con las universidades, la Administración local y otras instituciones para la formación del profesorado.

Artículo 59

1. Las Administraciones educativas fomentarán la investigación y favorecerán la elaboración de proyectos que incluyan innovaciones curriculares, metodológicas, tecnológicas, didácticas y de organización de los centros docentes.

2. Corresponde al Gobierno fijar los requisitos de acuerdo con los que podrán realizarse las experimentaciones que afecten a las condiciones de obtención de títulos académicos y profesionales. Dichas experimentaciones requerirán, en todo caso, autorización expresa a efectos de la homologación de los títulos correspondientes.

Poco se ha avanzado en esta declaración de intenciones. Todavía persisten muchos centros sin requisitos mínimos de adecuación a las necesidades materiales establecidas por Ley y tampoco se ha avanzado en las investigaciones que conduzcan a definir los niveles de rendimiento y calidad.

No obstante, no se debe abandonar, se debe analizar el papel del sistema escolar y definir cual es el rol del profesor.

Puesto que éste debe pensar qué estrategias debe seguir y cuáles son las consecuencias de sus actos, es muy importante cuestionarse cuáles son las relaciones que se establecen entre los modelos metodológicos y la disciplina escolar, así como las normas y hábitos que se desarrollan en el aula en relación con la convivencia con el alumnado.

Conclusión

A lo largo de este capítulo se pone de manifiesto que la situación es complicada pues el entorno que rodea a nuestro hijo es hostil. Sin embargo, nosotros, como padres, debemos tener conciencia que no podemos esperar a que los gobiernos que continuamente se suceden y con ellos, sus leyes educativas, solucionen el problema. O que el profesor que le toque a nuestro hijo sea el idóneo para transmitirle lo que a mí me resulta tan complicado. O seguir la inercia pensando que las cosas cambiarán por sí solas.

Debemos implicarnos directamente sin demora. Es la primera medida que demuestra que estamos dispuestos para asumir nuestra responsabilidad a tenor de lo que hagan los demás. Es el primer valor que transmitiremos a nuestro hijo.

Hacer las cosas lo mejor que sepamos sin valorar cómo las hacen los demás

CAPÍTULO 2
Testimonios

"Dímelo y lo olvidaré.
Explícamelo y lo recordaré.
Déjame hacerlo y nunca lo olvidaré."

M001 madre de una niña de 16 años
Junio 2007

Ha sido una semana complicada de actividades aunque ha tenido un par de días un poco raritos, acusándome y otra vez con el tema de su "amigo". Le intenté dejar claro que me dejara ya de historias. Ha estado fastidiona y provocadora conmigo pero te diré que al rato se le pasaba y volvía a estar bien. Hasta esta noche.

Sábado, como no. Ha habido un follón monumental y esta vez ha sido contra mí. Ha salido al cumpleaños de una amiga y todo normal hasta que he ido a recogerla. Ya me ha parecido un poco extraño que estuvieran en el campo y me he figurado que estarían bebiendo. No me extraña que beban, se que ahora todos lo hacen pero una vez más confío en mi hija y como ella siempre dice que ella no bebe, pues nada. Pero he notado algo raro, le he preguntado que si había bebido y me ha dicho que no. Se lo he preguntado con toda la normalidad del mundo, me ha dicho que había tomado fanta pero le he notado que olía un poquito a alcohol. Me lo ha vuelto a negar y cuando le he dicho que me olía a vodka (por decir algo) y que si había tomado vodka con naranja me ha dicho que en todo caso con limón que la fanta era de limón y que... solamente había tomado un poquito. Le he dicho que por qué miente, sabe que me molesta casi mas eso que en un momento dado me diga, si mama he probado un poquito pero no te preocupes que ha sido muy poco. Y ya está. Me he enfadado un poco por la mentira de nuevo (la semana pasada le pille en otra) No sé cómo hacerle ver que la mentira no le lleva más que al castigo y que por otra parte no me podía fiar de ella cuando dice muy convencida que ella no bebe, que no le van esos rollos. Si quiere tener más libertad tendrá que demostrar que podemos confiar en su palabra ¿no? Cuando hemos llegado a casa y se lo he dicho a su padre se ha puesto hecha una furia insultándome, al intervenir su padre todo se ha recrudecido y por espacio de casi una hora esto ha sido un escándalo. Otra vez las agresiones físicas esta vez contra mí. Su padre ha perdido los papeles y la ha vuelto a pegar. Ya no se ha revuelto tanto contra él como hace tiempo pero cuando el desaparecía de la escena me ha agredido a mi varias veces. Su padre ha empezado a romperle cosas fuera de tino y en vez de enfrentarse a él lo hacía conmigo. Yo no me he enfrentado a ella pero ha habido un momento que no he podido más y he descontrolado diciéndoles que no podía mas, que pararan y creo que me ha dado como un ataque de nervios. Me he puesto muy nerviosa, la escena me superaba, solo queria que pararan. Ella se ha ido a la calle, y luego al rato ha llegado.

Septiembre 2007

Otra vez follón. Hace solo unas horas y al levantarse han seguido. Parece que se había puesto en el ordenador cuando ha llegado su padre y se lo ha quitado. Ella ha saltado, se ha vestido y se ha vuelto a marchar. Les he dicho que por favor otra vez no, que no empiecen, pero como siempre lo han ignorado. Mi hija me ha dicho por enésima vez desde anoche que la deje en paz, que no aguanta más, que va a dejar de estudiar y que no aguanta vivir ya mas en esta casa. Todo esto mientras iba por el pasillo, muy alterada para salir.

Sigo sin reaccionar, solamente lloro. No tengo ningunas ganas de ponerme como una loca. A lo mejor buscan los dos eso. Qué pasa conmigo, me siento como si me estuvieran dando una paliza y ya no tengo capacidad de reacción, solo miedo. Dónde está mi rabia, esa rabia que me hacía saltar. Es como si ni siquiera tuviera fuerzas para defenderme, solamente quiero que pase.

No creo que decirle a mi hija que ha mentido y que así no van bien las cosas sea para organizar todo esto. No tiene confianza conmigo lo sé. Dudo que la tenga alguna vez, no se siente escuchada ni comprendida; por una parte parece que está pidiendo ayuda y por otra me reprocha que no se la doy y que la causa de todo soy yo. Yo no sé cómo actuar. El que ella lo acepte o no es cosa suya. Mi marido dice que no tiene buenos sentimientos y trasmite muchísima rabia, el sí que saca su rabia, de otra forma pero la saca. Es verdad como dice él que le sale chulería y quejas contra nosotros cuando se le pone algún castigo o se le recrimina algo. No hay respeto porque según dice ella se lo hemos perdido a ella ya hace tiempo. Pero todas esas reacciones, todo ese odio en su cara, todas esas acusaciones, toda esa ira, indican que algo le pasa y yo no sé cómo ayudarla. Solamente intento lo que sé hacer que es hablar, pero veo que cada vez pone más muro y no quiere escuchar ni que le diga nada y por supuesto no quiere hablar ella. Sé que ella tiene razón en que estoy muy encima de ella pero no valgo para dejarle hacer lo que le venga en gana y creo que estoy en mi derecho de enfadarme porque me mienta con el tema de las salidas o el alcohol como paso anoche. Empiezo a dudar de que yo esté haciendo lo correcto, quizá sea una madre muy rígida pero yo tengo la sensación de ser súper débil y por eso ella se pone como se pone.

M002, madre de una chica de 22 años
Noviembre de 2007

Estoy muy enfadada con mi hija. Ahora resulta quiere hacer otra cosa, parece que después de tres años quiere dejar la carrera, creo que una vez en 3º debería seguir aunque le cueste esfuerzo. Ya ha dejado demasiadas cosas a medias (como música, idiomas etc.) cualquier cosa que haga, a los 2 meses lo deja. No sé si lo hace para llamar la atención.

Llevo mucho dinero y tiempo gastado en su formación. Ya me he cansado, se le puede poner la vida muy difícil. Decida lo que decida no estoy dispuesta a pagar ni un duro mas para academias de teatro ni otras historias. Creo que tres años de carrera, son muchos años para tirarlo todo por la borda. Me da igual lo que tarde, si no lo hace más deprisa que sea más despacio.

Está amargada y todo porque tiene que hacer un trabajo deprisa y corriendo, por no organizarse en condiciones y dejarlo todo para última hora. No se puede enfadar una persona, así porque un fin de semana se tenga que quedar a terminar lo que tenía que haber hecho en su momento. Como la niña no puede irse de botellón, entonces se pone frenética y ya, ni una cosa ni otra. Entonces lo paga conmigo y empieza a decir que vivir aquí no tiene sentido, que está harta de la familia que tiene, que nunca la apoya, etc. Entonces me hace sentir culpable y lo paso mal.

C002 chica de 22 años
Noviembre de 2007

Están pasando muchas cosas.

No sé si te comenté que iba a irme a vivir a una habitación a Madrid. Llegué a un acuerdo con mi madre, sería así como algo temporal. Siempre he pensado que mi vida sería muchísimo mejor. Me he mudado hoy y llevo aquí unas horas, y ya sé que cambiarse de lugar de habitar tampoco cambia nada las cosas. Pero bueno, le daré tiempo. El caso es que estoy tranquila, triste por dentro pero tranquila. Y desde un par de días pienso que me cuesta mucho vivir. Que me cuesta mucho vivir desde hace años. Por lo menos siete u ocho año, que recuerde. Me vienen a la mente situaciones distintas en distintos momentos de mi vida en los que he sentido lo mismo. Algo como desolación. Algunos días me he sentido más fuerte, he disfrutado mucho de la vida, pero veo que no me merece la pena seguir con esto. Me cuesta mucho vivir. No es que esté desesperada y quiera acabar con mi vida. Estoy tranquila, serena, y ya no quiero luchar más por esto. Algo que cuesta tanto no tiene sentido. Llevo toda mi vida pintándome la sonrisa en la cara. Quiero darme de baja de la vida. Ojala fuera tan fácil. Aún no he ido a ver a mi médico, pero es que no sé si quiero. Sólo quería comentártelo. No sé tampoco si hago bien. Estoy bien, estoy tranquila, pero es lo que pienso.

He perdido el interés por hacer los trabajos. Por recuperarme, animarme. Hice algunos días la relajación, dejé de llorar. Pero he vuelto. Esto va empeorando. Se alarga demasiado.

Pero bien. Con momentos de ilusión. Pero en general triste. El problema es que después de ya tantos años intentando cada día disfrutar de las cosas, ya me he cansado. Me he rendido. Ya te lo dije. Y el enfermo no se cura si no quiere.

M003 madre de un chico de 13 años
Noviembre 2006

El viernes tuvimos cita con el tutor. Nos comentó que nuestro hijo está muy disperso en clase.

No ha empeorado respecto al principio de curso pero tampoco ha mejorado. Todos los profesores coinciden en que no se esfuerza. Las notas son malas aunque lo más preocupante es el comportamiento.

Al tutor y al resto de profesores les gustaría saber cómo tienen que tratarlo. Se encuentran perdidos.

En casa también está disperso. Sólo quiere jugar con el ordenador. No sigue ningún horario, pero lo peor de todo es que al final, han decidido expulsarle hasta el martes por pegar un puñetazo a un alumno de 3º de E.S.O.

Versión del Hijo

Las cosas sucedieron como te cuento, pero estoy acostumbrado a que me echen la culpa.

–Salíamos tarde de clase por lo que pedí al dueño del balón que me lo dejara llevar corriendo para que nos diera tiempo a coger una pista. Cuando llegué al campo, me puse en un área para que ningún curso nos quitara esa portería con excusa de haber llegado antes, pero en la otra área estaban dos chicos de 3º de ESO jugando. Algunos chicos de mi clase empezaron a llegar al igual que algunos de tercero. Más tarde un chico de tercero vino al área ocupada por los de segundo con la intención de echarnos del campo. Yo fui el primero en negarme ya que había tenido que correr por todo el colegio para conseguir una portería, con lo que el chico de 3º llamó a unos cuantos de su clase para echarnos. Empezaron con pegar balonazos para intimidarnos y al ver que yo no me iba, el chico del principio comenzó a darme empujones para sacarme, con lo que yo le respondí con un LEVE puñetazo para quitarle las intenciones, además añadí que le había golpeado con la mano izquierda (la mano con la que menos fuerza tengo), y él era de mayor tamaño que yo. El chico me amenazó diciéndome "Mañana no vives". Después de todo esto tuvimos que retirarnos del campo ya que empezaron a llegar muchos más de 3º con lo que nos quedamos sin la portería que yo había cogido. Luego observé que el chico sin problema alguno jugaba al fútbol con sus compañeros al haber conseguido retirarnos.

Hay testigos de todo lo relatado.

Esto es todo lo que pasó y niego cualquier cosa que quieran añadir.

M004 madre de una niña de 13 años.
Noviembre de 2005

Mi hija me llama a las 15:15 para preguntarme si puede ver el telediario, que ya tenía los verbos, le he dicho que muy bien, que se siente en la tele con los verbos en la mano. Yo cuando llegue le preguntare todo.

Llego a las 16:00, va sin peinar, duchar no lo sé, le digo que no se ha peinado, empieza a gritar, vociferar, decir que no le creo. La peino y le digo que vamos a su cuarto que le voy a preguntar, mientras miro otras cosas en su cuarto, se pone a escribir el significado de algunos verbos en el libro, le digo que como que lo ha escrito ahí, si por varias veces, las dos hemos hablado del cuaderno. Se desata la furia, y continua, diciendo barbaridades, a grito pelado. Me he aguantado en no abofetearle que es lo que creo que se merecía, ¿pero qué hago con una de 13 años? Por un lado es lo que dice, y por otro la voz de rabia y agresividad con que lo dice. No conozco a nadie desde que he nacido que haya hablado con ese nervio. Me preocupa ya no por mí, es porque así no va a poder convivir con nadie.

Decido pedir hora para hablar con la tutora.

He estado esta tarde con la tutora. La niña, según la tutora sigue con sus mentiras y estudiando menos, pues aún cuando le dije a mi hija que había estado con ella y que había visto las notas, siguió en plan chulo diciendo sandeces con tal de no admitir que me había mentido.

He venido callada en el coche, cuando he llegado a casa le he preguntado que qué opinaba de todo esto, y su simple contestación siempre con chulería , es que "quiero hacer FP", Le dije que eso no era decir nada, eso no es una profesión, solo es, querer no estudiar.

El tono subió y le tuve que dar bofetadas, continuó la chulería y seguí, se fue al baño y como se vio la cara colorada, se fue a la puerta diciendo que se iba a la policía, yo fui para que no abriera la puerta y le dije "yo voy a terminar denunciándote de malos tratos verbales, pues te salen de la boca cosas que ni a las víboras. No creo que exista ninguna niña de 12 años a la que le salga por la boca lo que le puede salir a la mía, me duele hasta escribir todo lo que le puede salir por la boca. Vuelvo a la cocina donde estaba ella preparándose la merienda, y coge el cuchillo grande y me apunta diciéndome una barbaridad que ni recuerdo, algo como "No sabes de lo que puedo ser capaz o algo así".

Mi marido me ha dicho esto es muy gordo.

Le he dicho a mi hija, que si se había dado cuenta de lo que había hecho. Yo, ya no sé, si no decirle nada mas sobre lo del cuchillo, no dirigirle la palabra o que hacer.

Ya no me sale nada del cuerpo, me tiene extenuada.

C003 chico de 24 años
Junio 2006

En Holanda me lo pase realmente bien. Estuve trabajando en un albergue y la verdad es que mejor no me pudo ir. Siento haberme ido en contra de la voluntad de mis padres y no poder compartir con ellos mis experiencias.

Amsterdam es una ciudad increíble y la echaba mucho de menos. Luego me volvi hacia España viajando alrededor de Bélgica, Suiza, Francia...

Estuvo bien, aunque fue demasiado corto. En total estuve de viaje dos meses. Me volví para preparar los exámenes de Junio. He hecho por ahora tres, dos me han ido bien y otro bastante flojo. Me queda aun otro. Estoy bastante cansado pero ya planeando mi siguiente viaje.

Mi relación con mis padres por ahora va mejor. Sobre todo con mi madre, con mi padre las cosas son más complicadas. Hay una especie de status quo en el que todos actuamos como si no pasase nada. Vamos, como siempre. Yo me encuentro relativamente bien, mucho mejor que hace cinco meses. Sigo con mis ataques esporádicos de «melancolía», pero no estoy depresivo ni mucho menos. Tranquilo. Eso sí, sigo completamente perdido respecto a mi futuro y no tengo ni idea de que voy a hacer. Pero bueno. Este verano me iré seguramente a Grecia, a trabajar en una granja de aceite de oliva, me llevare mi guitarrita, y espero que en la tranquilidad de allí se me ilumine una idea y por fin vea algo claro.

Ya veremos.

M005 madre de un chico de 15 años
Febrero 2008

Mi marido y yo somos muy diferentes, lo que nos conduce a discrepar en nuestras decisiones\actuaciones ante nuestro hijo. Aunque él es anti–Psicólogo, anti–Psiquiatra, anti–Pedagogo y anti–Todo, dada la angustia\desesperación en que nos encontramos, ha accedido a ir a un especialista para que nos oriente\apoye en la forma de tratar al niño e imponer nuestra autoridad. Hoy por hoy, nuestro hijo es el «pequeño dictador» de la casa.

Hago un resumen sucinto de lo acontecido el pasado fin de semana:

El viernes hace pellas de la academia, le castigamos sin salir el fin de semana, cumple el castigo y no sale de casa, sólo sale un poquito al final del día porque mi marido le deja .... El lunes decide sin permiso irse a comer con una «churri», no da señales de vida hasta última hora del día que al llegar a casa y ver que nosotros no estábamos comienzan los SMS y las llamadas masivas desde el portal de casa. Mi marido y yo salimos esa noche a cenar fuera a propósito para que tuviese claro que si él o contaba con nosotros, tampoco nosotros íbamos a contar con él. Aporreó las puertas a lo bestia. Finalmente, durmió en la escalera. Me apiadé y le saque la cena, bebida, el anorak y la almohada.

El martes le abrimos la puerta a las 7:00 h. Duerme 1 h en la cama. No quería levantarse ni ir al cole pero hacemos que se duche y vaya. Por la tarde, hace pellas y no va a la academia a la que va de refuerzo de inglés. Queda con sus amigos y nos llama las 21:15 h para dar señales de vida. Le indicamos que a las 22:00 h en casa.

Llega pasadas las 22:30, le preguntamos si ha bebido y nos asegura\reasegura que no, que él NO BEBE nunca. Mi marido saca un alcoholímetro y le hacemos soplar, dando 0,43 mg/l. Yo doy 0,0 y mi marido 0,1. Le decimos que el límite que tiene tráfico para sancionarte y quitarte el carnet esta en 0,25 mg/l para ADULTOS. A pesar de la evidencia continua manteniendo que él no ha bebido para tanto y que el aparato estaba mal. Finalmente, después de las correspondientes «moralinas» (esto no es lo acordado, estamos empezando y no debes mentir etc..) admite que ha bebido limón pero que no sabía que tenía alcohol ...Le pregunto que desde hace cuanto tiempo bebe y me dice que hace 2 o 3 semanas ...Le decimos que la próxima vez que le pillemos bebido NO ENTRA EN CASA. Le recordamos que el sábado y el domingo está castigado sin salir por su comportamiento del fin de semana pasado (forzarme, quitarme las llaves tras un empujón, escaparse y no venir a dormir).

El sábado que va a la academia de refuerzo de inglés, decide salir media hora antes. Nos enteramos porque al ver no llegaba a casa a comer, llamamos y nos lo comunicaron. Le llamamos al móvil y le preguntamos que dónde estaba y que viniese inmediatamente a casa, nos contesta que no iba a ir a casa ya que estaba «independizándose» ...

No dio señales de vida hasta las 22:00 h que empezó a hacer llamadas perdidas y enviar SMS (por favor, llamadme). Finalmente dejó un mensaje en el buzón de voz (papá, mamá no lo volveré a hacer más, voy para casa ...) . Nosotros ni caso.

Hacia las 11–11:30 llamó al telefonillo del portal. Le abrimos pero no le dejamos entrar a casa. Aporreó la puerta y quemó el telefonillo. Así aguantamos hasta casi las 2 de la madrugada. Pasó la noche en la escalera y a las 9:00 h del domingo le abrimos, le dejamos dormir un rato (poquito) y le levantamos para salir.

El domingo, pasamos el día juntos. Estaba dócil/suave. Le comentamos que no ha cumplido el castigo y por tanto, el próximo fin de semana volvería a estar castigado sin salir.

Asimismo, le recordamos lo siguiente:

- Si volvía a incumplir no entraría a casa de ninguna de las maneras y le haríamos las maletas para que se «independizase» ya que es lo que tanto anhela.

- Si le volvemos a pillar haciendo pellas dejamos de pagar la Academia y se queda sin apoyo extra–escolar. Si en lo que queda de mes todo va bien le permitiremos que a partir de febrero, el viernes por la tarde no vaya a la academia, ya que entendemos que es forzar mucho el carro y que necesita un respiro.

- Si vuelve a llegar bebido no le permitiremos que duerma la mona en casa.

En fin esto es lo que hay, no sé qué pasará el próximo fin de semana.

Estamos siendo firmes, tal como nos ha indicado un Psicólogo al que hemos empezado a ir mi marido y yo, nuestro hijo no sabe nada y no se lo vamos a decir, si bien agradecemos cualquier tipo de comentario/indicación para encarrilar al mihura.

Ayer viernes, llegó más tarde de lo acordado. Llegó con un amigo del cole anterior, muy querido en casa. Parece ser que fue un problema del metro....bueno, «vale». Cenó en casa con el amigo y le acompañamos a su casa.

Se ha levantado para ir a la academia (hoy sábado) tarde. Sale de casa por la mañana para ir a la academia con un mochilón y dice que no le esperemos. En el mochilón lleva ropa y un mogollón de entradas para Élite Light. No tiene intención de venir a dormir, nos habla de manera impositiva, fría, chulesca y altiva. Frío, contundente, sin flaquear en ningún momento. Parece como si quisiera seguir angustiándonos y hacernos sufrir.... claro, es su arma. Le decimos con absoluta firmeza y sin perder los nervios y ni tan siquiera levantando el tono de voz, que si no viene a la hora convenida, el lunes tempranito dejaremos en una percha colgada en la puerta de entrada, el uniforme del cole. Si va o no va al cole, será su problema. Nos mira de mala manera y sale de casa.

El sábado por la tarde me presento en la discoteca solicitando saquen a mi hijo y dando órdenes expresas de que no le vuelvan a dejarlo entrar, ni en Élite te ni en ninguna otra discoteca del grupo (Vat), hasta nueva orden. Les advierto que es la segunda vez que me presento a sacar a mi hijo de la discoteca y que, como no hacen caso ni a los e-mails ni a lo que se les ha comunicado personalmente en otras ocasiones, la próxima vez tomaré las medidas legales oportunas.

Es muy fuerte, pero cada vez tenemos más claro que las amistades inadecuadas de mi hijo provienen de las discos light.

Sabía que no le íbamos a dejar entrar en casa, por lo que directamente se ha ido a dormir a casa de mi padre pues no está él allí ahora y nos había hecho copia de sus llaves. Hace una fiestuqui con amiguetes y luego se queda a dormir con alguno/s de ellos. Es la tercera que no duerme en casa.

Domingo: Vuelve a casa y pasa la noche en la escalera.

El lunes: Fallece mi padre. Estamos desolados y abatidos. Duerme en casa (le decimos a una vecina que le abra la puerta).

Martes: Nos acompaña todo el día (velatorio/entierro). Miércoles: Estoy rota y no voy a trabajar. Mientras duermo la siesta me hurta mi móvil a pesar de las circunstancias ... Me deja incomunicada (en casa teníamos problemas con la línea). Niega rotundamente que me lo haya quitado él.

Jueves: Estamos muy tensos. Le pedimos mi móvil y el suyo para requisárselo. Me devuelve mi móvil y reconoce que la noche del sábado la pasó en casa de su abuelo (nos había dicho que la pasó en casa de un amigo en Majadahonda) pero que su móvil no nos lo da. No puede pasar sin éste él. Se pone como un basilisco y se encierra en el baño con el teléfono. Tenemos que desatornillar el picaporte de la puerta del baño para sacarle, obligándole a que deposite su móvil (duplicará la tarjeta por enésima vez ...).

Le volvemos a repetir muy claro que si no admite las normas se puede ir de casa. El próximo finde está de nuevo castigado sin salir. Está pensando en irse de casa ya que le hemos planteado muy seriamente que si se que si se quiere independizar, tal como nos dice, lo haga. Si no cumple no entra en casa.

MC006 madre de un chico de 17 años
Septiembre de 2007

Mi marido lo está pasando muy mal con lo de su fractura, la baja, la edad, el dejar de fumar,.... y ahora lo de nuestro hijo.

Ayer estuvimos hablando de nuevo los tres, y le hemos dicho que bueno que vamos a ayudarle en su viaje aunque no estamos de acuerdo en esa necesidad de ir en octubre a EEUU a ver a una chica que ha conocido en verano, que necesitará un seguro para el viaje y un seguro médico y una autorización nuestra y otra de la familia que le va a recibir y que nosotros hablaremos por carta y verbal con los padres de la chica. Parece que fue la cosa aceptable, aunque yo no he pegado ojo en toda la noche por la preocupación. En mi fuero interno pienso que si los padres ven que nosotros estamos preocupados por los estudios de nuestro hijo y porque es, todavía menor de edad, igual pueden influir sobre su hija y ser ella la que vaya enfriando la relación. Yo creo que tiene los billetes encargados pero que todavía no ha pagado el importe total.

Le llevamos al aeropuerto a las 2 de la mañana, le ayudamos con la intendencia del viaje, pero para él es todo obligación por nuestra parte. No hemos sacado ninguna contrapartida a cambio, porque él se ha impuesto con rotundidad ante nosotros. Esa es la auténtica verdad. No se como terminaremos todos, porque creo que va a venir si cabe más chulo todavía, reforzado por su conducta.

Intentaremos a la vuelta actuar con tranquilidad y pensando lo que decimos, a ver si mi marido no le da una bofetada, que merecérsela se la merece.

Volvió del viaje y de momento hemos cenado juntos, sin hablar prácticamente nada, pero juntos. Lo que sí observamos es que está absolutamente obnubilado por la chica. Lo está pasando mal, la verdad es que da pena. ¡Qué enajenación mental aunque está un poco más sosegado, pero todavía no hemos conseguido mantener una conversación con él, hablando un rato. Bueno, al menos hemos estado sin discutir A mí me gustaría que su padre intentase sentarse un poco con él. Pero es difícil. Las cosas están más tranquilas, por lo menos no nos enfadamos, que no es poco. Mi marido prefiere no hablar para no pecar, su hijo le ignora y su padre está haciendo esfuerzos para no entrar al trapo. Hay que esperar y esperar, ya está todo dicho. Ahora parece que mi hijo está preocupado por el curso, por lo menos a mi me dice que va a suspender todo, (creo que nos vamos a tener que comer con patatas los cates), de lo otro no habla. Hoy hablaba con su novia y ella lloraba por el teléfono.

No estudia, hoy en todo el dia no ha rascado bola y ya son las 7 de la tarde. No le he dicho nada, aunque me dan ganas de estamparlo contra la pared.

A las 8.30 ha estado hablando fácilmente 2 horas y luego antes de ir a la cama llamadita. No voy a aguantarlo y le voy a limitar el tiempo de las llamadas. Es imposible que así pueda estudiar algo. Voy a intentar no decir la palabra estudia, pero me resulta muy difícil. Me molesta que la exigencia sea siempre para los demás y la de él estudiar poco.

Ya ves que estoy resentida con él. Me he portado fenomenal estas navidades con él y con la niña, para que luego a mí no me dirija más que rebuznos y empiece con el rollo de que no le queremos y que esto es un asco y que no se puede vivir aquí. Es un chulo con nosotros y no se le puede aguantar, vamos que no se le manda a la m... porque es nuestro hijo y por no hacerle daño.

Estoy quemada. Yo, yo, yo… y siempre yo; esa es la historia, de cumplir con su obligación nada, y de actuar con respeto en casa y con amabilidad menos. Ahora hay que buscar una profesora de matemáticas porque él ha perdido todo el primer trimestre.

La niña le tiene sorbido el seso, es mona, simpática, y una malcriada y desordenada como él.

A veces me pregunto si no será que lo estamos malcriando y haciéndole muy niño

CAPÍTULO 3
La Inteligencia Emocional

"No podemos desacreditar el corazón porque algunos lo consideren
simple sentimentalismo;
ni la inteligencia porque otros la vean como un mero racionalismo;
ni la voluntad porque otros la reduzcan a un necio voluntarismo.
Se trata pues de descubrir el modo inteligente de armonizar
cabeza y corazón, razón y sentimientos"

Hablar de "inteligencia emocional" parece complicado, ya que ambos conceptos, Inteligencia y Emoción, por separado, se salen en muchas ocasiones de nuestro alcance. Sin embargo, el término es cada vez más común en revistas de educación, planes de estudio, libros de autoayuda, etc. Se hace necesario por tanto explicar el concepto.

Veamos que entendemos primeramente por "inteligencia" y "emoción":

INTELIGENCIA

El concepto de inteligencia ha sido tratado en todas las épocas y por todos los expertos del tema; ha creado numerosas polémicas y no se ha llegado a un acuerdo a la hora de definir de forma consensuada el concepto de Inteligencia.

Todas las definiciones de inteligencia llevan la marca de la época, del lugar y de la cultura en las que se han desarrollado. Sin embargo, hay tres aspectos que ayudan a concretar el concepto de Inteligencia (Gallego, Alonso y otros; 1999), en ellos se advierte que la Inteligencia viene determinada por:

- Los campos del conocimiento necesarios para la supervivencia de la cultura, como la agricultura o las artes.
- Los valores propios de la cultura, como el respeto por los mayores, las tradiciones académicas o las tendencias pragmáticas.
- El sistema educativo que instruye y nutre las nuevas competencias de los individuos.
-

De esta manera, e influenciado por estos tres aspectos, se ha llegado al concepto pasando por definiciones que la caracterizan como un rasgo de personalidad y que es susceptible de ser medido, determinando si una persona es inteligente o no.

A mediados del S.XIX Samuel George Morton consideraba el tamaño del cerebro como punto de referencia para el estudio de las razas y sus distintos modos de vida. Más tarde Francis Galton afirmaba que las desigualdades sociales eran, en gran parte, debidas a las capacidades mentales heredadas, y demostró en 1969 que las personas que ocupaban puestos de mayor privilegio en la sociedad se debía a su mejor dotación intelectual.

Una definición más amplia es la aportada por Wechsler (1973), al considerar la inteligencia como la capacidad acumulada o global del individuo para actuar de una manera definida, pensar racionalmente y abordar eficazmente su entorno.

Las definiciones recogidas por Sternberg (1987): Describen la inteligencia como:

"la capacidad de aprender" (Buckingham)

"la capacidad para realizar pensamientos abstractos" (Terman)

"La capacidad para adaptarse adecuadamente a situaciones nuevas de la vida" (Pinnter)

"La capacidad para adquirir capacidad" (Woodrow)

En este sentido Mayer (1986) incluye la "capacidad de presentar y manipular símbolos" y "la capacidad de resolver problemas".

Las contribuciones aportadas sobre inteligencia a lo largo de la historia han permitido que se desarrollen nuevas teorías que expliquen lo que se entiende hoy por Inteligencia.

Hasta hace poco, se hablaba de la inteligencia como un factor hereditario fijo e invariable. Sin embargo, y según las sucesivas aportaciones, hoy puede afirmarse que la inteligencia es una facultad variable sobre la que se puede intervenir y modificar.

La conclusión general que se desprende de estos estudios es que la inteligencia, analizándola desde el punto de vista académico, es una potencialidad que puede cristalizar o no en el rendimiento, dependiendo de múltiples condiciones. En realidad, quien rinde educativamente es la persona inteligente, no su inteligencia.

En el análisis de resultados académicos de una persona, además de una determinación familiar y social, pesa la capacidad mental pero también la actitud, interés, técnicas de estudio, etc. De ahí que, en múltiples ocasiones, un alumno con alto coeficiente intelectual rinda por debajo de sus posibilidades y viceversa.

A partir de aquí, y al comprobar que la inteligencia depende de múltiples factores, comienzan a desarrollarse teorías, que nos conducen al concepto de inteligencia. Entre todos llegan a la conclusión de que la inteligencia ya no se considera como una capacidad general propia de cada individuo, sino que más bien cada individuo posee una combinación de inteligencias, de donde se infiere que cada cual aprende de una manera altamente individualizada y en función del desarrollo de cada una. Se deduce entonces que el aprendizaje viene determinado por:

- El contexto sociocultural en el que tiene lugar, y vendría definida por "los componentes de procesamiento de la información". Es decir, qué principios y valores tiene un individuo como premisas para interpretar, valorar y responder a un acontecimiento.

- El papel que juega la inteligencia a lo largo del contínuum de experiencia que establecemos con los distintos comportamientos, tareas o situaciones y vendría referenciada por "la habilidad que éste tiene para adaptarse y para moldear los entornos existentes o para escoger nuevos entornos"
- Las estructuras y mecanismos que subyacen al comportamiento intelectual. Relaciona la inteligencia con el mundo del individuo: cómo se enfrenta el individuo a la novedad y cómo automatiza el procesamiento de la información. (Gallego, Alonso y otros. 1999)

Medida de la inteligencia

A principios del siglo XX, Binet diseñó un cuestionario para medir la inteligencia; con él se pretendía predecir qué alumnos de las escuelas primarias de París tendrían éxito en sus estudios y cuáles fracasarían.

Más tarde Lewis Terman, profesor y jefe del Departamento de Psicología de la Universidad de Stanford (1922–42) se dio a conocer por sus estudios sobre niños superdotados, sobre las diferencias según el sexo, presentes en los rasgos mentales, y por la «Revisión de Stanford» de los «tests» de inteligencia de Binet, utilizada luego con el carácter de prueba básica en las escuelas y clínicas norteamericanas.

Terman logró en pocos años clasificar a dos millones de norteamericanos mediante la primera aplicación masiva de esos tests, y el éxito fue tan arrollador que en poco tiempo el C.I pasó a ser considerado universalmente como el principal indicador del talento personal.

La idea de que la inteligencia es un dato de partida invariable en nuestra vida ha impregnado durante décadas a toda la sociedad occidental: "nacemos más o menos inteligentes, según nuestro C.I, y eso es algo que ya nunca podrá cambiar".

Así se diseñó el test de inteligencia que más tarde Stern concluyó con la introducción del término *cociente intelectual* (C.I.), entendiendo por C.I. el cociente entre la edad mental de un sujeto y su edad cronológica y multiplicando por una constante.

La edad mental vendría definida por la puntuación media obtenida en los test de inteligencia diseñados por Binet.

La puntuación normal de C.I. sería 100. La tabla de interpretación psicológica es la siguiente:

160 o más	=	Geniales
140 – 159	=	Superdotados
120 – 139	=	Inteligencia Superior
110 – 119	=	Inteligencia brillante
90 – 110	=	Normales
80 – 89	=	Poco inteligente
70 – 79	=	Ligera insuficiencia, bordes
60 – 69	=	Retrasados mentales
50 – 59	=	Retrasados graves
25 – 49	=	Imbéciles
0 – 24	=	Idiotas

Sin embargo, según lo expuesto anteriormente, hoy puede decirse que el Cociente Intelectual varía a lo largo de la vida de un individuo, por lo que se han ido adaptando los sistemas de medida.

Son muchos los investigadores que determinan su variación en función de factores tales como la afectividad recibida desde muy temprana edad, la estimulación precoz, factores ambientales, etc. Aunque todavía se viene discutiendo, en lo que sí parecen coincidir es en su estabilidad al final de la adolescencia.

En 1938 Trurstone consideró que la inteligencia no dependía de un solo factor sino que eran siete habilidades intelectuales las que configuraban la inteligencia:

- Comprensión verbal
- Fluidez para hablar
- Habilidad numérica
- Capacidad de visualización espacial
- Memoria
- Razonamiento
- Rapidez de percepción

Binet–Simon y Terman–Merrill aportaron los tests clásicos de inteligencia y, con ellos como referencia, se diseñaron otros que han servido a muchas empresas e instituciones para clasificar a los sujetos en función de los objetivos que se deseen.

Gallego, Alonso y otros, (1999) resumen las versiones de test de C.I. según su aplicación en las distintas especialidades científicas: Dos de las más conocidas, por el número de investigaciones que la han estudiado y por la amplitud y frecuencia de aplicación, son el test SAT, Schoolastic Aptitude Test y el ACT, American College Test.

En EE.UU., para ser admitido en la Escuela de Administración de Empresas, se ha de superar el GMAT, Graduate Management Admission Test; quien desee ingresar en Derecho pasará el LSAT, Law School Admission Test; para entrar en Medicina hay que superar las pruebas del MCAT, Medical College Admission Test; y para estudiar un postgrado de Psicología hay que superar el GRE, Graduate Record Examination.

Cattell y Horn, citados en Gallego, Alonso y otros (1999), distinguieron en 1967 dos clases de inteligencia:

a) Inteligencia fluida, que facilita la capacidad para descubrir las relaciones entre conceptos, razones, argumentos y temas abstractos.

b) Inteligencia cristalizada que facilita la capacidad para utilizar un conjunto de informaciones ricas y complejas, en el que se incluyen la educación y la cultura, que nos permite entender el mundo en que habitamos, emitir juicios concretos y resolver problemas.

A partir de aquí se empieza a vislumbrar la importancia de otros factores de gran importancia en el desarrollo de la inteligencia y que no se tenían en cuenta a la hora de medirla.

Pinillos (1995) señala que la inteligencia, desde el punto de vista estructural, está constituida por un conjunto muy numeroso de factores que corresponden a unidades funcionales de aptitud y que son susceptibles de ser medidas individualmente. Estas unidades son:

- Verbales
- Numéricas
- Espaciales
- Lógicas
- Memorísticas
- Perceptivas
- Psicomotoras

El campo verbal, por ejemplo, se refiere al uso inteligente del lenguaje; es decir, la comprensión y la expresión verbal. El campo numérico hace referencia a la rapidez de respuesta y exactitud de cálculo numérico.

Así se fue avanzando en el descubrimiento de factores que hacían variar el C.I

Howard Gardner (1995), basándose en las investigaciones de Mayer y Salovey, entre otros, y después de muchas investigaciones concluyó con que el término inteligencia está asociado a aquellos niños que tienen habilidad para resolver problemas, para encontrar respuestas a cuestiones específicas y para aprender material nuevo de forma rápida y eficaz. Estas capacidades, a su vez, desempeñan un papel muy importante en el éxito escolar. Según Gardner, desde esta perspectiva la "inteligencia" es una facultad singular que se utiliza en cualquier situación en la que haya que resolver un problema.

Hay personas sin estudios superiores ni mucha cultura que, sin embargo, triunfan en casi todo lo que se proponen. Y al revés, llama la atención que personas muy inteligentes no progresen o no encuentren su sitio en lo profesional. Esta aparente contradicción se debe a que hay personas que, si bien no brillan en el ámbito racional, son muy habilidosos, muy inteligentes en la gestión de emociones y sentimientos, saben sacar partido a sus cualidades y son en muchos casos más creativos y eficaces que puede ser un catedrático de historia o de cualquier ingeniería.

Gardner define inteligencia como "la capacidad para resolver problemas, o para elaborar productos que no son de gran valor para un determinado contexto comunitario o cultural".

"La capacidad para resolver problemas permite abordar desde crear el final de una historia hasta anticipar un movimiento de jaque mate al ajedrez, pasando por remendar un edredón. Los productos van desde teorías científicas hasta composiciones musicales, pasando por campañas políticas exitosas".

Primero, amplía el campo de lo que es la inteligencia y reconoce lo que se sabe de manera intuitiva, y es que la brillantez académica no lo es todo. A la hora de desenvolvernos en esta vida no basta con tener un excelente expediente académico. Hay gente de gran capacidad intelectual pero incapaz, por ejemplo, de elegir bien a sus amigos. Por el contrario, hay gente menos brillante en el colegio que triunfa en el mundo de los negocios o en su vida personal. Triunfar en los negocios, o en los deportes, requiere ser inteligente, pero en cada campo utilizamos un tipo de inteligencia distinto. No mejor ni peor, pero sí distinto. Dicho de otro modo, Einstein no era más inteligente, que Michael Jordan, ni que Plácido Domingo, ni que Aghata Christie, ni que Jacques Cousteau, ni que Pablo Picasso, o Fernando Alonso. Todos ellos son inteligentes pero sus inteligencias pertenecen a campos diferentes.

Segundo y muy importante, Gardner define la inteligencia como una capacidad. Hasta hace muy poco tiempo la inteligencia se consideraba algo innato e inamovible. Se nacía inteligente o no, y la educación no podía cambiar ese hecho. Tanto es así que en épocas muy cercanas a los deficientes psíquicos no se les educaba, porque se consideraba que era un esfuerzo inútil.

Al definir la inteligencia como una capacidad, Gardner la convierte en una destreza que se puede desarrollar, aunque no niega el componente genético.

Se nace con unas potencialidades marcadas por la genética, pero esas potencialidades se van a desarrollar de una manera o de otra dependiendo del medio ambiente, las experiencias, la educación recibida, etc.

Ningún deportista de élite llega a la cima sin entrenar, por buenas que sean sus cualidades naturales. Lo mismo se puede decir de los matemáticos, los poetas, o de la gente emocionalmente inteligente.

Hasta la fecha, Howard Gardner y su equipo de la universidad de Harvard han identificado ocho tipos de inteligencias distintas:

a) Inteligencia musical. Ciertas partes del cerebro desempeñan un papel importante en la percepción y la producción musical; y, aunque no tiene un área definida como la capacidad lingüística o matemática, puede localizarse en el hemisferio derecho. Se ha llegado a esta conclusión porque se han observado lesiones cerebrales en las que se ha perdido la capacidad musical (amusia).

b) Inteligencia cinético corporal. En este caso la capacidad de movimiento y su control se localiza en la corteza motora, y cada hemisferio controla los movimientos de uno u otro lado. El movimiento ha ido evolucionando a través de los tiempos y forma parte de la cultura. En el niño la coordinación psicomotriz se va desarrollando de igual manera a medida que va incorporando a su esquema espacial las nuevas adquisiciones, y en este caso el movimiento se toma como punto de referencia en su desarrollo evolutivo. "La habilidad para utilizar el propio cuerpo para expresar una emoción, para competir en un juego o para crear un producto constituye la evidencia de las características cognitivas de uso corporal" (Gardner, 1993).

c) Inteligencia lógico–matemática. Junto con la capacidad lingüística, el razonamiento lógico–matemático es el que proporciona mayor dotación en los test de inteligencia. Está ubicada en zonas del cerebro reservadas para esta capacidad y nadie pone en duda que las personas con un alto cociente intelectual tienen muy desarrollada esta capacidad. Son personas que tienen mucha facilidad para predecir las posibles soluciones a los problemas de índole lógico–matemático, y obtienen muy buenos resultados en todo lo relacionado con el cálculo.

d) Inteligencia lingüística. Desde la psicología tradicional, llamar a la inteligencia lingüística, inteligencia es perfectamente coherente, ya que una de las pruebas por las que descubrimos si un niño es inteligente es por la evolución de su lenguaje. Además en todos los test de inteligencia hay una prueba de capacidad verbal perfectamente cuantificable numéricamente.

En el cerebro humano la zona del pensamiento verbal es la llamada área de Broca y es la responsable de la producción de lenguaje.

También se ha comprobado que personas con sordera son capaces de comunicarse mendicante un lenguaje de signos, hay ejemplos también de personas con el área de lenguaje muy desarrollada y sin embargo la zona del cerebro encargada de las producciones lógico–matemática muy deficiente con respecto a la anterior, lo que hace pensar que la inteligencia lingüística puede operar de forma independiente en relación a otras áreas cerebrales.

e) Inteligencia espacial. La capacidad para situar en el espacio los objetos observados cotidianamente e interiorizar cerebralmente dicha posición para luego cambiarlos de ubicación es una habilidad muy relacionada con el área espacial, situada en la región posterior derecha del cerebro. Personas con esta área lesionada tienen problemas para orientarse en un lugar o para reconocer escenas o personas. Sin embargo, la diferencia entre percepción visual e inteligencia espacial es muy significativa en el caso de las personas ciegas. Los ciegos reconocen a través de la percepción táctil y tienen más desarrollados otros sentidos, pues a través del olfato pueden reconocer lugares y personas, pudiendo destacar en test de inteligencia al igual que personas sin esta lesión.

Esto parece indicar que la inteligencia espacial puede también operar independientemente de otras; así los artistas visuales emplean esta inteligencia en el uso que hacen del espacio y serán muy hábiles en problemas espaciales, en los que la visualización de un objeto desde diferentes ángulos sea la piedra angular para su resolución.

f) Inteligencia interpersonal. La inteligencia interpersonal es la habilidad para descubrir en el otro sus intenciones y deseos, sus estados de ánimo, temperamentos y motivaciones. Esta habilidad suelen poseerla políticos, religiosos, maestros y terapeutas. Según los estudiosos del tema, suele alojarse en los lóbulos frontales, y las lesiones en esta zona suelen desencadenar cambios profundos en la personalidad. La enfermedad de Alzheimer parece atacar a las zonas posteriores de cerebro, dejando la capacidad lingüística y espacial, dañadas; sin embargo, estos enfermos siguen siendo educados y mantienen las cualidades sociales sin variación. La enfermedad de Pick, por el contrario, y puesto que afecta a los lóbulos frontales, implica una clara deficiencia en las habilidades de relación interpersonal.

La necesidad de cohesión en el grupo, de liderazgo, de organización y de solidaridad surge en el seno de esta capacidad.

g) Inteligencia intrapersonal. El desarrollo de este tipo de inteligencia permite el acceso a la propia vida emocional, a los sentimientos y a la capacidad para discriminar las emociones, de manera que, conociéndolas, se puedan interpretar y así poder orientar la propia conducta. Es la inteligencia más privada y la que necesita del lenguaje para su expresión, ya que éste es necesario para transmitir el conocimiento intrapersonal.

El niño autista es un ejemplo claro de individuo con la inteligencia intrapersonal dañada; al mismo tiempo estos niños muestran habilidades extraordinarias en el área musical, computacional, espacial o mecánica.

En resumen, tanto la facultad interpersonal como la intrapersonal entran en juego a la hora de solucionar problemas significativos para el individuo y para la especie. La inteligencia interpersonal lo hace más en función de los demás, mientras que la inteligencia intrapersonal se encarga de trabajar con uno mismo para comprenderse y para afrontar de la mejor manera las adversidades que surgen y que nos dificultan el estado de ánimo para superarlas.

h) Inteligencia naturalista. Inteligencia naturalista es la capacidad de distinguir, clasificar y utilizar elementos del medio ambiente, objetos, animales o plantas. Tanto del ambiente urbano como suburbano o rural. Incluye las habilidades de observación, experimentación, reflexión y cuestionamiento de nuestro entorno. La poseen en alto nivel la gente de campo, botánicos, cazadores, ecologistas y paisajistas, entre otros.

Se da en los niños que aman a los animales, a las plantas; que reconocen y les gusta investigar características del mundo natural y del modificado por el hombre.

Recientemente Howard Gardner en su libro *La inteligencia reformulada* ha sostenido «la posible existencia de varias otras inteligencias» (Gardner, 2001: 57). Tres nuevas inteligencias han sido nominadas como: inteligencia naturalista (ya citada anteriormente), inteligencia espiritual e inteligencia existencial.

Así, basándose en el desarrollo evolutivo y las investigaciones cerebrales, se puede afirmar que estas múltiples capacidades, inteligencias, son independientes en un grado significativo. Esta independencia de inteligencias implica que un nivel alto de inteligencia lógico–matemática no tiene por qué implicar un nivel alto en inteligencia lingüística.También se puede afirmar que personas con un alto cociente intelectual pueden no estar dotadas de habilidad para resolver conflictos personales o sociales, pudiendo por tanto fracasar profesionalmente, ya que los test de C.I sólo miden la habilidad para responder rápidamente a cuestiones de tipo lógico–matemático o lingüístico, sin que en ellos se controle toda la gama de capacidades humanas aptas para resolver problemas no sólo lógico–matemáticos o lingüísticos. Así, una persona que desee dirigir su futuro en el área artística dentro del Ballet Nacional, por ejemplo, requerirá para triunfar no sólo una buena inteligencia cinético–corporal, sino que deberá poseer capacidades inter e intrapersonales que le permitan saber elegir bien: un buen agente, saber llegar al público, conocer qué es lo que demanda la sociedad dentro de ese ámbito, cuál es el momento oportuno para elegir las representaciones, etc.

Por todo ello se deduce que hay que desarrollar todas las áreas que capaciten al sujeto para tener éxito; y es más probable que se alcance éste, cuantas más inteligencias estén desarrolladas. De hecho, es muy probable que "el total sea mayor que la suma de las partes"; es decir, un individuo puede que no esté especialmente dotado en ninguna inteligencia y, sin embargo, la combinación o la mezcla de sus capacidades le proporcione el éxito profesional que sujetos con un alto porcentaje de C.I no consigan.

Un ingeniero necesita una inteligencia espacial bien desarrollada, pero también necesita de todas las demás, de la inteligencia lógico-matemática para poder realizar cálculos de estructuras, de la inteligencia interpersonal para poder presentar sus proyectos, de la inteligencia corporal – kinestésica para poder conducir su coche hasta la obra, etc.

Howard Gardner enfatiza el hecho de que todas las inteligencias son igualmente importantes. El problema es que el sistema educativo no las trata por igual y ha entronizado las dos primeras de la lista, (la inteligencia lógico – matemática y la inteligencia lingüística) hasta el punto de casi negar, en la práctica, la existencia de las demás.

EMOCIÓN

El significado del término «emoción», no puede definirse de una forma científica y acabada. Las emociones intervienen en los sentimientos y estados de ánimo, su expresión en conductas motoras y en las respuestas del sistema nervioso autónomo y endocrino, por lo tanto, para clarificar y ampliar el concepto se hará un recorrido desde sus inicios. Etimológicamente, el término emoción deriva del latín *movere* (mover) y el prefijo *ex* (hacia fuera). La "x" fue omitida por los latinos para una mayor elegancia verbal, ya que *emovere* se pronuncia más fluidamente que *exmovere*.

En español aparece por primera vez en el diccionario de la Real Academia Española en 1843 y define emoción como conmoción, alteración o agitación repentina del ánimo, causada por alguna pasión, sea gozando vivamente, sea padeciendo con intensidad.

William James, en 1884, al preguntarle qué era una emoción contestó que era una respuesta del organismo ante determinados estímulos del medio ambiente. James en aquel entonces, no tuvo en cuenta el aspecto cognitivo al que se alude más adelante.

Según *el Diccionario de neurociencias*, de Mora y Sanguinetti (1994), se entiende por emoción: "Reacción conductual y subjetiva producida por una información proveniente del mundo externo o interno (memoria) del individuo. Se acompaña de fenómenos neurovegetativos."

Plutchik (1980) sugiere que hay cuatro pares de emociones que son similares para todas las sociedades humanas. Y todas las demás emociones derivan de las combinaciones de estas.

Alegría	Tristeza
Felicidad, alivio, capricho, extravagancia, deleite, dicha, diversión, estremecimiento, éxtasis, gratificación, orgullo, placer sensual y satisfacción.	aflicción, autocompasión, melancolía, desaliento, desesperanza, pena, duelo, soledad, depresión y nostalgia.
Agrado	**Repugnancia**
Aceptación, adoración, afinidad, amabilidad, amor desinteresado, caridad, confianza, devoción, dedicación, gentileza y amor obsesivo.	aversión, asco, desdén, desprecio, menosprecio y aberración.
Ira	**Miedo**
Enojo, mal genio, atropello, fastidio, molestia, furia, resentimiento, hostilidad, animadversión, impaciencia, indignación, irritabilidad, violencia y odio patológico.	ansiedad, desconfianza, fobia, nerviosismo, inquietud, terror, preocupación, aprehensión, sospecha, remordimiento, pavor y pánico patológico
Expectativa	**Sorpresa**
Inquietud, impaciencia.	asombro, estupefacción, maravilla y shock.

A pesar de que la ciencia psicológica no se ha puesto de acuerdo en la naturaleza y definición de las emociones, sí se ha llegado a definir un conjunto básico que podría entenderse como emociones "primarias", de las que derivarían las demás; estas clasificaciones se han creado a partir, tanto de la reflexión teórica como de investigaciones acerca de la expresión facial y las vivencias emocionales.

Las emociones dependen directamente de los estímulos que las provocan. Un ejemplo de emoción podría ser el miedo. Ante una situación de terror, se puede producir una reacción que incluye modificaciones psíquicas (inseguridad, bloqueo, sensación de amenaza, etc.), que se acompañan de sus correspondientes síntomas físicos (temblor, palidez, aumento de la sudoración, del ritmo cardíaco, etc.). Estos cambios surgen de un modo repentino y automático tras la aparición de un estímulo concreto, pero desaparecen poco después de que éste cese o se logre la adaptación al mismo. Veamos ahora cómo funciona nuestro cerebro ante una emoción y cómo desde nuestro proceso de interpretación y pensamiento, podemos modificar la respuesta:

Ejemplo: Imaginemos que estamos en casa, tranquilos, leyendo. Son las 21h y nuestra hija (Laura) de 15 años, ha salido. Nos dijo que iría con unas amigas al Centro Comercial que está cerca de casa a dar una vuelta, a ver tiendas y tomar una coca–cola. Su hora de llegada son las 21:30h. De pronto suena el teléfono:

- Dígame
- Buenas tardes, soy la madre de Hortensia. Salió de casa y me dijo que iba al cine con su hija y que se quedaría a dormir ahí. Quería saber si han llegado ya. La estoy llamando al móvil y no me contesta. Disculpe que la moleste pero nosotros vamos a salir y antes de nada queremos saber si está todo en orden.

- Bueno, todavía no han llegado pero no se preocupe que en cuanto llegue le digo que la llame.
- De acuerdo muchas gracias.
- No hay de qué. Buenas noches.

En ese momento, la madre de Laura se sobrecoge. Su pensamiento puede estar entre estos dos extremos.

Hortensia ha mentido a su madre, le ha dicho que dormía en casa y sin embargo a mí mi hija no me ha dicho nada. Hay que ver que mal lo tienen que pasar algunos padres con sus hijos. Qué suerte tengo yo con la mía que nunca miente. La llamaré y le diré que le diga a su amiga que llame a su madre.	Mi hija está tramando algo, si la hija de Hortensia ha mentido a su madre, es posible que sea porque tienen algo que ocultar. Seguro que están en algún lugar peligroso o haciendo algo prohibido. Voy a llamar inmediatamente a ver dónde están.

Toda emoción provocada por un estímulo, recorre un camino hasta emitir una respuesta. El camino, correspondería al siguiente esquema:

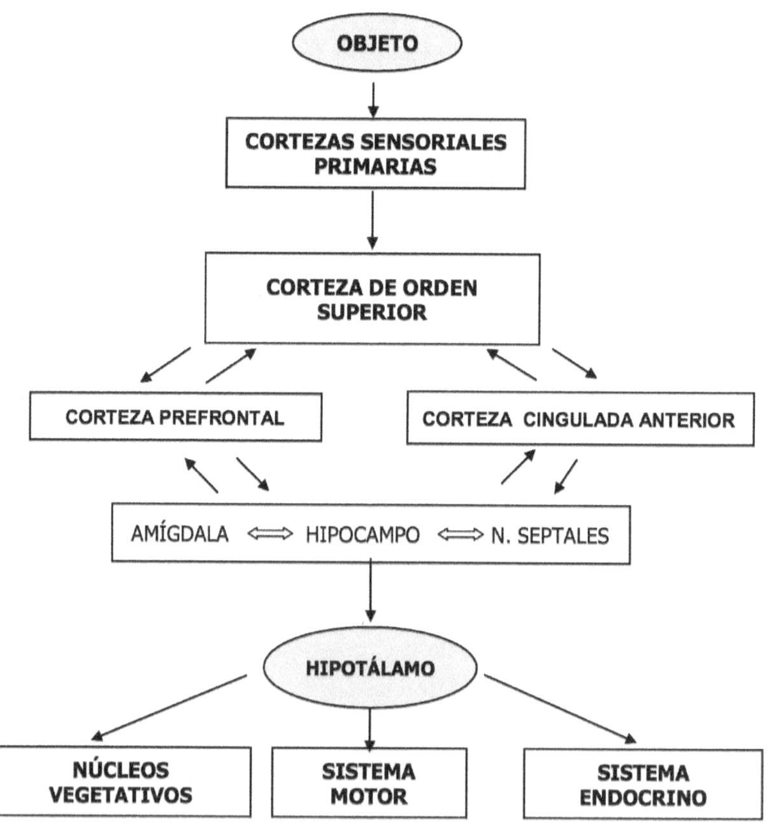

- *Objeto.* Motivo por el que se estimula la amígdala. Puede ser visual, olfativo, auditivo, táctil o gustativo.
- *Cortezas sensoriales primarias.* Lugar donde se hace consciente el estímulo.
- *Corteza de orden superior.* Área cortical en la que se racionaliza el estímulo así como su valoración.
- *Corteza prefrontal y corteza cingulada anterior.* Áreas donde se rigen los fenómenos emotivos. La corteza prefrontal, entre otras cosas, puede estimular a los núcleos posteriores del hipotálamo, provocando por ejemplo hipertensión, frecuencia cardiaca elevada y reacciones de ira o miedo.
- Amígdala, hipocampo y núcleos septales. Cuando se activan generan movimientos tónicos y clónicos (lamerse, deglutir), dependiendo de las regiones de la amígdala que intervenga (placer, displacer, fuga, etc.). En general su función es controlar el tipo de conducta necesaria en cada ocasión.
- *Hipotálamo.* Es el centro del sistema límbico por excelencia. Es el facilitador o inhibidor de tendencias agresivas, alimentarias y sexuales.
- *Núcleos vegetativos.* Ponen en funcionamiento el sistema nervioso parasimpático con la liberación de neurotransmisores como la adrenalina y noradrenalina; también en el sistema nervioso parasimpático se libera acetilcolina, produciendo por ejemplo los movimientos del aparato digestivo.
- *Sistema motor.* Se estimulan los músculos de la risa, del llanto, el cerrar los ojos instintivamente ante un disparo, por ejemplo.
- *Sistema endocrino.* La hipófisis, estimulada por el hipotálamo, actúa asímismo sobre las glándulas, produciendo una descarga hormonal que libera fundamentalmente:

Aldosterona: en emociones agudas
Cortisona: en emociones sostenidas
Adrenalina: en emociones angustiosas
Noradrenalina: en emociones agresivas

Si cuando la madre de Laura llama a su hija, ésta no cogiera el teléfono, por cualquier causa, su sistema emocional funcionaría así:

En este caso el objeto (auditivo) es la llamada de teléfono.

Ésta desencadena una emoción *expectativa* que pasa a las cortezas sensoriales primarias donde se hace consciente:

"La madre de Hortensia dice que su hija va a dormir en mi casa y yo de eso, no tenía ni idea. Aquí hay gato encerrado".

Posteriormente la emoción, ya consciente, pasa a la corteza de orden superior y es aquí donde se comienza a racionalizar la situación. Empieza entonces a pensar y los pensamientos pueden llevarle a una situación controlada, permaneciendo allí hasta que finalice el control. Este tipo de pensamientos pueden ser:

"No pasa nada; es posible que a mi hija se le haya olvidado decirme que su amiga duerme en casa. Esperaré a que vengan pues sólo queda media hora y les diré que hagan el favor de llamar a su madre...".

Una vez racionalizada la emoción, se adopta una conducta como respuesta. No seguiría el camino hacia el hipotálamo y no habría ningún tipo de secreción hormonal ni de signos en los que el sistema límbico tuvieran que ver.

Sin embargo la misma emoción puede seguir un curso diferente: Una vez que el objeto (auditivo) pasa a las cortezas sensoriales primarias y se hace consciente el estímulo, pasaría a la corteza de orden superior donde el intento de racionalizar es en vano.

Los pensamientos le llevan a una situación descontrolada:

"Qué raro, mi hija nunca miente.
A lo mejor me ha mentido esta vez, porque como no la dejo salir con chicos…
¿Y si lo hace siempre y yo no me he enterado?.
Si no me lo dice es porque hace cosas que a mí no me gustan.
A lo mejor está de botellón bebiendo y fumando porros…

A medida que se sobrepasa la capacidad de racionalización, el estímulo pasa a la corteza prefrontal y a la corteza cingulada anterior, donde se representan los cuadros emotivos; posteriormente a la amígdala, hipocampo y núcleos septales. En esta situación aumentaría el ritmo cardíaco, empezaría a tragar saliva y a sentir ahogo. El hipotálamo avisa entonces que está ante un estado emocional angustioso.

El mecanismo de defensa del organismo alerta a los núcleos vegetativos y el sistema nervioso simpático y parasimpático liberarían sus neurotransmisores: adrenalina y acetilcolina respectivamente. También podría ponerse en funcionamiento el sistema motor.

En fin, se originarían un montón de reacciones emocionales que podrían llevar incluso a situaciones tan estresantes como para necesitar ayuda médica.

Este ejemplo pone de manifiesto la importancia que tiene el pensamiento en el control emocional a la hora de intervenir para modificar el curso en la generación de respuestas descontroladas y desagradables

Hagamos una pequeña reflexión al respecto, ¿me siento identificado/a con el ejemplo? ¿Hay algo que me desequilibre emocionalmente? ¿Qué cosas me desequilibran emocionalmente? ¿Cuántas veces somos conscientes de ese desequilibrio? Veamos ejemplos de situaciones que ponen en peligro la estabilidad emocional de algunas personas:

- La enfermedad de un hijo.
- Fracaso en la oposición.
- Una entrevista de trabajo.
- Decir "te necesito" a la persona que necesitamos en ese momento
- Pérdida del empleo.
- Posibilidad de padecer una enfermedad grave.
- Decir "te quiero"
- Hablar en público
- Una noticia en la prensa de: abuso de menores, catástrofe nuclear, ecológica, etc, un atentado, una guerra…
- Conducir por Madrid
- Subir en avión , en ascensor.
- Asistir a un concierto, partido de fútbol, a la rebajas…

La falta de conciencia, hace que muchas veces no seamos capaces de responder coherentemente a los requerimientos del entorno. El miedo es el agente paralizador por excelencia, si no sabemos responder a él de manera constructiva, puede limitar nuestros recursos emocionales y llevarnos a una situación que sobrepase nuestra capacidad para controlarnos.

Los procesos que acontecen en el organismo, las respuestas que se dan al interaccionar con el medio, el modo en que se relacionan las personas, etc, todo ello tiene una razón de ser.

Es importante buscar las causas que llevan a obrar de un modo o de otro, y para ello hay que adentrarse en el origen de las reacciones primarias, es decir, el origen de las emociones y saber por qué actúan y con qué fin.

Pues bien, las emociones cumplen una serie de funciones a tener en cuenta:

- Las emociones mantienen nuestra supervivencia, alertan de peligros externos e incitan a estímulos placenteros. Invitan al movimiento, bien sea de huída o de acercamiento.

- Las emociones junto con los sentimientos (parte consciente de las emociones) se combinan entre sí, ofreciendo al sujeto la posibilidad de elegir, entre el gran abanico de respuestas, aquella que más se ajusta a la situación en cuestión.
- Las emociones actúan como un todo único, poniendo en funcionamiento todos los sistemas de alerta del individuo.
- Emociona lo nuevo, lo novedoso; por ello la emoción mueve hacia el descubrimiento, hacia lo desconocido, manteniendo así la motivación y el deseo de conocer.
- Las emociones son un mecanismo para la comunicación, no necesariamente entre individuos de la misma especie. Es importante saber interpretar bien el lenguaje de las emociones, ya que en muchas ocasiones las buenas relaciones sociales dependen de ello. Una mirada cargada de odio es suficiente para saber qué actitud tomar al respecto. El rubor en el rostro de una muchacha en un momento determinado puede dar la suficiente información para actuar ante esa situación.
- Las emociones y los sentimientos juegan un papel muy importante en el desarrollo de la persona. De su control dependen funciones básicas, tales como el razonamiento y toma de decisiones, relacionadas con la propia persona y con el entorno social más inmediato.

Podemos resumir admitiendo que la emoción, desencadena la concienciación subjetiva (sentimiento), implica una dimensión fisiológica (cambios corporales internos), implica una dimensión expresiva/motora (manifestaciones conductuales externas) e implica una dimensión cognitiva (funcionamiento mental) y todo ello influenciado por la dimensión afectiva.

Desarrollo emocional en el individuo

El desarrollo evolutivo de una persona es muy complejo. pues hay multitud de variables que inciden en él y que seria necesario contemplar. Además no es homogéneo: cada individuo, en función de su genética, de las variables ambientales y de su experiencia personal, desarrolla unas capacidades más que otras. Hay personas que destacan en el aspecto lingüístico, otras en el matemático, en el artístico, en el motor, etc. Siguiendo a Gardner, como se ha visto con anterioridad, puede explicarse el porqué.

En todos los colegios se realizan concursos de aptitud matemática y lingüística, se fomenta el desarrollo de programas musicales y artísticos, se realizan competiciones deportivas con otros centros, etc.; incluso se están llevando a cabo programas de estimulación precoz y de activación de la inteligencia (P.A.I.). Sin embargo, no se conocen programas de Educación Emocional que integren paulatinamente contenidos, conceptos, procedimientos y actividades.

Cada momento en el desarrollo evolutivo tiene sus características; conocerlas es fundamental para ir poco a poco desarrollando conductas que ayuden a adquirir un comportamiento emocionalmente inteligente.

Veamos qué tipo de emociones pueden desarrollarse desde edades tempranas hasta la adolescencia:

- Las emociones infantiles son mucho más ricas de lo que aparentemente se supone; estudios recientes han observado que el niño es capaz de reconocer emociones positivas y negativas de los primeros meses de vida.

- Un con dos meses llora de hambre, con cuatro meses sonríe y transmite bienestar cuando se encuentra a gusto. Con ocho meses puede interpretar por la expresión facial de progenitores si están enfadados o, por el contrario, están satisfechos con su conducta.

- Un niño con dos años demuestra empatía cuando se entristece al ver sufrir a un animalito . Sobre los tres años, el niño interpreta el propósito del adulto en bueno o malo, según sus intereses.

- A partir de los cuatro años, los niños interpretan emociones en los adultos y en personajes de películas. A esta edad ya son capaces de identificar emociones como miedo, alegría, tristeza, utilizando términos como contento, triste y asustado

- Hacia los seis años, el niño ya es consciente del efecto que ocasiona su conducta en el entorno. Es capaz de demostrar afecto a su profesora, de insultar a un compañero para molestarle, de intentar convencer a un adulto o a un igual para conseguir su propósito.

- De seis a once años, identifica a qué emociones le resultan agradables y cuáles le producen ira; y a partir de aquí sus experiencias tendrán un peso muy grande para el desarrollo emocional y posterior rendimiento escolar.

- Entre los once y quince años comienza a tener más sentido el mundo de las emociones y el efecto que producen en la vida del adolescente. Se van conexionado hechos con las emociones que generan. Es una edad en la que el chico/a se ve expuesto/a a situaciones en las que el control de la voluntad juega un papel de suma importancia.

- A partir de esta edad aparecen los «déficits en el manejo de las emociones, y sobre todo, en aquellas que tienen relación con el autocontrol y con las habilidades sociales: Conflictos en relación con los demás, desengaños amorosos, suspender exámenes, rechazo social, enfrentamiento con la familia, con los profesores, etc. Es un momento del desarrollo en el que la autoestima social es la piedra angular de la confianza en uno mismo. El grupo juega un papel más fuerte que el propio adolescente. Aprenden a enmascarar emociones con tal de satisfacer al grupo y son pocos los adolescentes que anteponen sus propios intereses a los del grupo.

Antes de la edad adulta se han establecido objetivos y creencias que les predisponen para actuar en función de las mismas y que serán de suma importancia en la adaptación al medio y el control de las emociones.

Las personas con capacidad para adaptarse a situaciones nuevas utilizan estrategias para compensar la pérdida del posible estado de bienestar que les producía la situación anterior. Por lo tanto, la adquisición preventiva de estrategias compensatorias, contribuirá a facilitar el equilibrio emocional, tan importante a estas edades.

Medida de las emociones

La medición de las emociones requiere un sistema de trabajo complicado, puesto que en ellas confluyen tres aspectos: el cognitivo, el fisiológico y el conductual. Además medir emociones es prácticamente imposible, pues se necesitan aparatos de medición que no están al alcance de cualquiera; y no sólo eso, sino que muchas veces provocar emociones en laboratorio implica que la respuesta no sea del todo fiable.

El componente fisiológico tendría como indicadores el ritmo cardíaco, el ritmo respiratorio y las secreciones hormonales.

Para hacer un estudio más fiel se debería realizar una electromiografía facial, que permite analizar la actividad muscular que genera cada emoción en la cara (ésta se utilizaría para medir emociones).

Para la medición del aspecto conductual se realizan filmaciones de gestos y conductas; pero su análisis es muy comprometido y a veces poco riguroso. Sólo si se hace de forma científica con los métodos FACS (*Facial Action Coding System*) o MAX (*MAXimally discriminative facial movement coding system*), desarrollados por Ekman y Friesen (1978) y por Izard (1979) respectivamente, podrían tener valor; pero no resulta fácil poner en marcha este tipo de evaluación.

El componente cognitivo de las emociones sí tiene mejor cabida dentro de la evaluación de las mismas. Se utilizan resultados de autoinformes y se valoran aspectos como la memoria, el aprendizaje, dominio del lenguaje, pensamientos. También son de gran utilidad el autoconcepto, y la autoestima junto con las relaciones sociales.

Sin embargo es más asequible hacer un seguimiento de la persona y reunir información de varias personas que tengan relación con ella. Así se elimina el aspecto subjetivo de la evaluación. Lo que se pretende es valorar hasta qué punto, un estado emocional puede afectar al bienestar del sujeto.

La clave para intuir las emociones de los demás consiste en sintonizar con los canales de comunicación no verbal (Bisquerra, 2000: 263).

A medida que avanzamos en la lectura, vamos comprobando la relación existente entre el concepto de emoción y el concepto de inteligencia. Empieza a ponerse de manifiesto la necesidad de desaprender aquellos patrones de conducta que proponen el desarrollo intelectual como la clave del éxito y que avocan irremediablemente al fracaso. Hay que tomar conciencia de que algo hay que hacer para evitar caer en el engaño, impidiendo así el desgaste psíquico–físico que conlleva vivir sin equilibrar la mente, el cuerpo y el corazón.

Los estudiosos del tema, se han visto obligados a retomar los conceptos, los valores y los principios, establecer una jerarquía y adaptarlos a la situación por la que está pasando la sociedad actual. Como hemos apuntado anteriormente, el entorno en el que se desarrollan ahora nuestros hijos ha cambiado considerablemente, ahora ya no vale lo que valía en un principio, aquellas normas de educación que nuestros padres usaban de forma natural, y que siempre daban resultado. Ahora eso ya no sirve. Antes, una mirada de nuestros padres, era suficiente para hacernos entender que lo que estábamos haciendo no estaba bien. Ahora es la mirada de los hijos la que pone a los padres contra las cuerdas. En muchas ocasiones, es la conducta del niño la responsable del deterioro de sus habilidades intelectuales y los padres en muchas ocasiones somos responsables.

Es obvio que la educación se ha convertido en el caballo de batalla de nuestra sociedad, parece que se ha perdido el interés por desarrollar valores tan necesarios como el amor por los demás, el espíritu de sacrificio, el altruismo, la libertad, la fidelidad, la honradez,…etc. que son el sustento de cualquier sociedad y que deben aprenderse en la familia como ya hemos dicho antes. Pues bien, como las reglas que aplicábamos antes ya no sirven, algo debemos hacer pues es claramente perceptible que las relaciones sociales están fracasando, como resultado del fracaso en las relaciones familiares.

INTELIGENCIA EMOCIONAL

Fue en E.E.U.U, dado que la sociedad americana es de las más avanzadas, donde empezó a vislumbrarse el problema y numerosas investigaciones se pusieron en marcha para dar salida a la situación que irremediablemente avocaba a una crisis social que hoy vivimos en España. Allá por 1985 Mayer y Salovey tomaron buena nota de la situación y teniendo en cuenta los trabajos de Gardner comenzaron a investigar sin saber que lo que estaban haciendo era reinventar el sentido común, con el nombre de Inteligencia Emocional.

Podríamos resumir el concepto de inteligencia Emocional en dos palabras: "actuar inteligentemente", es decir, vivir como uno desee transmitiendo a los demás la ilusión de vivir en paz con uno mismo.

Una vez esbozado su significado, pasamos a desarrollar cómo se consigue vivir como uno desea.

Para vivir como uno desea, es necesario:

- Tener la capacidad para analizar el porqué de la conducta humana.
- Analizar las situaciones que llevan a comportarse de un modo u otro.
- Vislumbrar qué aspectos impiden ver la solución del conflicto.
- Tener la habilidad necesarias para enfrentarse al conflicto junto con los mecanismos que ponen a la persona en disposición de actuar.

Eso es Inteligencia Emocional, pero llegar al concepto no ha sido fácil.

Haré una aproximación al concepto de Inteligencia Emocional partiendo del concepto de inteligencia asumido por Howard Gardner. Mi intención es poder transmitir la importancia que tiene aquella en el desarrollo de la personalidad.

Hoy en día, es más importante "saber estar" que aprender conceptos. Los problemas afectivos (celos, falta de atención de los padres, exceso de protección…etc.) sumados a los problemas de personalidad (agresividad, introversión, sensibilidad, dominancia, impulsividad, autocontrol, ansiedad, etc.) a los que se ven sometidos muchos niños, impiden en muchos casos desarrollar sus capacidades intelectuales. Sin una conducta adecuada es muy difícil estar en condiciones de aprender. Parece que las escuelas no toman demasiado es serio este aspecto y es por ello que nos queda a los padres aprender a desarrollar en nuestros hijos aquellas capacidades que nos "aseguren" el éxito personal de nuestros hijos

Parece claro que el sistema cerebral responsable de las emociones puede ser activado. Hay sustancias químicas específicas que activan zonas del cerebro emocional. Podríamos afirmar que si se pueden experimentar emociones con sustancias químicas, podrían activarse también con un entrenamiento específico.

Autores como Gardner, Goleman, Shapiro, etc,... subrayan la importancia que tienen las emociones y el control de las mismas para el desarrollo de la inteligencia en todos sus aspectos. Conseguir lo que uno se propone depende más de la capacidad para desenvolverse en la vida, de cómo analizar, dar solución a los problemas y de cómo canalizar las emociones, que del cociente intelectual con que se esté dotado.

El conocimiento propio, el autocontrol y el equilibrio emocional, la capacidad de motivarse a uno mismo y a otros, el talento social, el optimismo, la constancia, la capacidad para reconocer y comprender los sentimientos de los demás, etc. tienen una importancia decisiva en el desarrollo integral de la persona. Sin embargo, nadie se ocupa de introducirlas en ningún currículum, siendo el desarrollo de estas habilidades el común denominador que deberían tener en estos momentos las familias.

Las personas que gozan de una buena educación de los sentimientos (o sea, quienes han logrado desarrollar esas capacidades que con tanto éxito Daniel Goleman ha denominado inteligencia emocional), son personas que suelen sentirse más satisfechas, son más eficaces, y hacen rendir mucho mejor su talento natural. Quienes, por el contrario, no logran dominar bien su vida emocional, se debaten en constantes luchas internas que socavan su capacidad de pensar, de trabajar y de relacionarse con los demás.

Ser persona de mucho corazón, o poseer una profunda capacidad afectiva, no constituye en sí ningún peligro. Y si lo constituye, será en la misma medida en que resulta peligroso tener una gran fuerza de voluntad o una portentosa inteligencia: depende de para qué se utilicen. Como es lógico, no se trata de sustituir la razón por los sentimientos, ni tampoco lo contrario. Se trata de reconciliar cabeza y corazón, tanto en la familia como en las aulas o en las relaciones humanas en general.

Las investigaciones hoy, han llegado en los últimos años a conclusiones similares, coincidiendo en que el viejo concepto del C.I abarca sólo una estrecha franja de habilidades lingüísticas y matemáticas, por lo que tener un elevado C.I puede predecir tal vez quién va a tener éxito académico (tal como suele evaluarse hoy en nuestro sistema educativo), pero no mucho más y además no siempre.

Los padres empezamos a preocuparnos por el desarrollo personal de nuestros hijos cuando comienzan los fracasos académicos. En raras ocasiones los padres se alarman mientras sus hijos van aprobando sus cursos. Los padres tenemos como indicador de que todo marcha bien, las notas y no nos damos cuenta que actualmente los niveles educativos en Primaria y Secundaria son muy bajos y están al alcance de casi todos, por lo que prácticamente todos los niños deberían pasar de curso sin mucho esfuerzo.

¿Por qué entonces tanto fracaso escolar?

Bien, el problema estriba en la falta de educación emocional. Los padres no tenemos tiempo, la mayoría de las veces; conocimientos, en algunas ocasiones; capacidad muchas veces o ganas, la mayoría de las veces para verificar si el desarrollo emocional va en relación con el desarrollo académico. La educación de la voluntad, por ejemplo, durante los primeros años de vida (de 0 a 14) y sobre todo entre los siete y trece años, facilitaría en gran medida el éxito académico de nuestros hijos y por ende la convivencia familiar.

Resulta patente, por ejemplo, que muchas personas con un alto C.I pero escasas aptitudes emocionales se manejan en la vida mucho peor que otras de modesto C.I pero que han sabido desarrollar otras aptitudes. Parece claro que un elevado C.I no constituye, por sí solo, una garantía de éxito profesional, y mucho menos de una vida acertada y feliz.

Es difícil explicar el porqué del éxito profesional que alcanzan, a una edad no muy avanzada, personas sin estudios. Tampoco se entiende cómo políticos o dirigentes de masas son capaces de conectar y convencer sin haber sido preparados para ese fin.

Y sobre todo, lo que menos se entiende es por qué ahora, cuando más preparados estamos los padres, más posibilidades tenemos de formación, más facilidades y posibilidades tenemos en la detección de problemas académicos, mayores avances tecnológicos hay en la metodología del aprendizaje, etc. es cuando más problemas tienen nuestros hijos, y más atención psicológica necesitan.

Las investigaciones es este campo, desde la psicoterapia, han sido muy intensas y han demostrado cómo las emociones afectan a la salud física y mental.

Los estudios acerca del cerebro comienzan a establecer las conexiones entre emoción y razón. Quienes se interesaban por el campo de la inteligencia artificial empezaron a desarrollar sistemas expertos, en forma de programas computarizados, que pudieran comprender y razonar acerca de los aspectos emocionales de la historia. Para hacer esto, requirieron conocer los mecanismos básicos de las emociones y necesitaron estudiar acerca de la razón y la emoción, lo que propició un intercambio corto pero definitivo entre estos expertos y los estudiosos de la inteligencia emocional, la razón y las emociones.

¿Es que hay otras formas de ser inteligentes?

Quizá lo que falta, a estas alturas, y en pleno siglo XXI es sentido común.

Las últimas teorías psicológicas hablan de Inteligencia Emocional como nuevo concepto distinto al de Inteligencia, asociado hasta ahora con cociente intelectual. Hablar a estas alturas de "sentido común" no tendría el impacto social que tuvo en 1995 el libro de Daniel Goleman "La Inteligencia Emocional". Este libro se tradujo a varios idiomas, y fue un best seller aquel año. ¿Qué tenía de especial ese libro? Pues sencillamente lo que todo el mundo ya conocía pero necesitaba que alguien se lo recordara. Nos hizo reflexionar sobre nosotros mismos y sobre nuestra relación con los demás. Este autor pone de manifiesto que la inteligencia, no depende de los títulos académicos ni de las destrezas lógicas, lingüísticas ni matemáticas; ni siquiera depende del grado de cultura de un individuo. Afirma que algunas personas son capaces de afrontar situaciones y salen airosos de conflictos, mientras que otros fracasan y se hunden con problemas de índole inferior. La Inteligencia Emocional juega un papel decisivo en este aspecto.

En 1995 Goleman publica su libro "Inteligencia Emocional" y el término IE salta a la prensa popular.

Posteriormente numerosas escalas de personalidad fueron publicadas bajo el nombre de cuestionarios de inteligencia emocional, a pesar de que en muchos casos no fueron construidos con ese fin. Se crearon asociaciones educativas y empresariales para enseñar y asesorar sobre inteligencia emocional.

A partir de aquí se empieza a entender la Inteligencia Emocional como un conjunto de habilidades que implican emociones.

Daniel Goleman (1996) utilizando las inteligencias Intrapersonal e Interpersonal de Gardner, define la Inteligencia Emocional como "una forma de interactuar con el mundo, teniendo en cuenta los sentimientos y englobando habilidades tales como el control de los impulsos, la autoconciencia, la motivación, el entusiasmo, la perseverancia, la empatía, la agilidad mental". Goleman caracteriza estas habilidades como genéricas, jerárquicas e interdependientes. En otras palabras, "cada una requiere de las otras para desarrollarse, se sirven de base unas a otras y son necesarias en distintos grados según los tipos de trabajo y las tareas que se cumplan."

Varios autores han teorizado que una alta inteligencia emocional puede llevar a grandes sentimientos de bienestar emocional, consiguiendo en las personas, una mejor perspectiva de la vida. Existe también evidencia empírica que parece demostrar que la alta inteligencia emocional se asocia con menor depresión, mayor optimismo y una mejor satisfacción con la vida. Por tanto, esto sugiere un vínculo entre inteligencia emocional y bienestar emocional.

Inteligencia Emocional es, pues, un término que intenta definir la capacidad de una persona para concienciar, regular, adecuar y transformar de modo real, concreto y vital su despliegue interno de fuerzas, impulsos, tendencias y predisposiciones emocionales expresadas en forma de humor, afectos, temperamento, conductas, reacciones viscerales, etc.

> El término Inteligencia Emocional se relaciona con la capacidad de reconocer los propios sentimientos, igualmente los de los demás, con la finalidad de utilizarlos como guía del pensamiento y de la acción, por ejemplo, para auto motivarse o manejar adecuadamente las relaciones que se mantienen con las demás personas.

Se puede resumir el concepto de Inteligencia Emocional, como "el modo con el que cada persona se relaciona y entiende el mundo, considerando sus actitudes y sentimientos", englobando habilidades tales como el control de los impulsos, la autoconciencia, la canalización de las emociones, la confianza, el entusiasmo, la empatía, la persistencia frente a las frustraciones, la práctica de la gratificación prolongada; el motivar a otros ayudándolos a que se desarrollen aprovechando los propios talentos y consiguiendo su compromiso con respecto a los objetivos e intereses comunes.

Partiendo de estas capacidades, Goleman desarrolla todo un tratado de competencias personales y sociales agrupadas en cinco habilidades: Autoconciencia, Autocontrol, Motivación, Empatía y Habilidades Sociales.

Habilidades de competencia personal

Estas habilidades son la autoconciencia, el autocontrol y la motivación.

Autoconciencia: Es la capacidad de reconocer, sentir y expresar nuestras emociones. La autoconciencia consiste en percibir qué sentimos, saber porqué lo sentimos y actuar conforme a esos sentimientos. Podemos decir por tanto que el desarrollo de la autoconciencia requiere tres niveles:

- Notar lo que sentimos: NIVEL EMOCIONAL
- Ser conscientes de lo que sentimos: NIVEL RACIONAL
- Controlar nuestras reacciones: NIVEL CONDUCTUAL

La autoconciencia se caracteriza por:

- Las personas dotadas de esta competencia saben qué emociones están sintiendo y por qué; comprenden los vínculos existentes entre sus sentimientos, sus pensamientos, sus palabras y sus acciones; conocen el modo en que sus sentimientos influyen sobre su rendimiento y tienen un conocimiento básico de sus valores y de sus objetivos.
- Valoración adecuada de uno mismo: conocer nuestros recursos, nuestras capacidades y nuestras limitaciones internas.
- Las personas dotadas de esta capacidad son conscientes de sus puntos fuertes y de sus debilidades, reflexionan y son capaces de aprender de la experiencia, son sensibles al aprendizaje

sincero de la experiencia, a los nuevos puntos de vista, a la formación continua y al desarrollo de sí mismo, cuentan con un sentido del humor que les ayuda a tomar distancia de sí mismos.

- Confianza en uno mismo: seguridad en la valoración que hacemos sobre nosotros mismos y sobre nuestras capacidades.
- Las personas con esta capacidad manifiestan confianza en sí mismas y poseen "presencia", pueden expresar puntos de vista impopulares y defender sin apoyo de nadie lo que consideran correcto, son emprendedores y capaces de asumir decisiones importantes a pesar de la incertidumbre y las presiones.

Autocontrol. Se puede definir Autocontrol como "la habilidad de utilizar los estados emocionales desagradables para generar comportamientos útiles, y también para acceder a emociones más placenteras".

(La *facultad de ciencias empresariales de la California State University* realizó hace pocos años sondeos en los que se concluía que aquellas personas decididamente alegres, que manejaban un mayor número de emociones positivas, rendían más en sus trabajos además de disfrutar de ellos. También afirmaban que tales individuos contraían menos enfermedades, resolvían mejor las contrariedades, con más rapidez y creatividad, disponían de muchas alternativas ante cualquier situación anómala y se sentían satisfechos de sus actos y de su vida en general).

La enorme importancia del autocontrol radica en el hecho de que <u>nuestros comportamientos son un síntoma natural de las emociones que estamos sintiendo.</u>

El autocontrol se caracteriza por:

- Las personas dotadas con esta competencia están capacitadas para gobernar adecuadamente sus sentimientos impulsivos y sus emociones conflictivas. Permanecen equilibrados, positivos e imperturbables aún en los momentos más críticos;

piensan con claridad y permanecen concentrados a pesar de las presiones.

- Confiabilidad: fidelidad al criterio de sinceridad e integridad.
- Responsabilidad. Estas personas, en el caso de la responsabilidad, actúan ética e irreprochablemente; su honradez y sinceridad proporcionan confianza a los demás; son capaces de admitir sus propios errores y no dejan de señalar las acciones poco éticas de los demás; adoptando posturas firmes y fundamentadas en sus principios aunque resulten impopulares.
- Integridad: asumir la responsabilidad de nuestra actuación personal.
- Cumplen sus compromisos y sus promesas, se responsabilizan de sus objetivos, son organizados y cuidadosos en su trabajo.
- Adaptabilidad: flexibilidad para afrontar los cambios.
- Manejan adecuadamente las múltiples demandas, reorganizan prontamente las prioridades y se adaptan rápidamente a los cambios. Adaptan sus respuestas y tácticas a las circunstancias cambiantes; su visión de los acontecimientos es sumamente flexible.
- Innovación: sentirse cómodo y abierto ante las nuevas ideas, enfoques e información.
- Las personas con esta capacidad, buscan siempre nuevas ideas de una amplia variedad de fuentes, aportan soluciones originales a los problemas, adoptan nuevas perspectivas y asumen riesgos en su planificación.

Motivación es "una predisposición general que dirige el comportamiento hacia la obtención de lo que se desea".

La motivación es la fuerza que activa y dirige el comportamiento y que subyace a toda tendencia hacia la supervivencia o hacia el logro personal o colectivo. Las investigaciones actuales centran principalmente su atención en la motivación como el factor que activa y da energía a la conducta.

Motivación es todo aquello capaz de empujar la existencia hacia el futuro, el mañana, aunque la meta esté lejana y no se vea o se haya perdido la perspectiva y el camino por donde encontrarla.

Toda actividad humana obedece a determinados "motivos". Los motivos conscientes e inconscientes son los que dirigen la conducta de cada una de las personas.

Existen dos tipos de motivación:

- El primero es llamado motivación intrínseca. Esta motivación viene de adentro. Las actividades que los individuos hacen son su propia recompensa. La gente se siente motivada porque ama sinceramente la actividad que está desempeñando.
- El segundo tipo de motivación es llamada motivación extrínseca. Para quienes están motivados extrínsecamente, sus recompensas son factores externos. Estas personas hacen su trabajo para ganar una recompensa o evitar un castigo. La mayoría de la gente está extrínsecamente motivada. Nuestra sociedad (en distintas esferas de actividad) pone mucho énfasis y presión en obtener recompensas y un desempeño eficiente. Eso hace que sea muy difícil estar intrínsecamente motivado.

La habilidad de motivarnos (junto con el optimismo o actitud positiva) es uno de los requisitos imprescindibles para la consecución de metas relevantes y tareas complejas.

Los ejecutivos y los líderes saben que la motivación es más vital que las destrezas intelectuales o técnicas. Al fin y al cabo, lo que nos mueve es el corazón, no la cabeza. Por ello debemos tener en cuenta una serie de factores:

- *Jerarquía de necesidades*

Si toda motivación es hija de un deseo, éste no es otra cosa que una necesidad, aunque existan muchos niveles diferentes de ella. El célebre psicólogo Abraham Maslow, considerado el padre de la motivación, define las acciones humanas como "la consecuencia de las necesidades sentidas por el individuo, psíquica o físicamente".

Maslow establece que las necesidades del hombre están ordenadas en una jerarquía de preponderancia, que es la siguiente:

- *Fisiológicas:* necesidades básicas como la de alimentarse, calmar la sed, aliviar el dolor, procurarse abrigo. Son recurrentes y repetitivas.
- *Seguridad:* defensa del medio ambiente. Seguridad ante sucesos o ambientes amenazadores.
- *Social:* necesidad de pertenencia, afiliación o identificación con un grupo.
- *Estima:* necesidad de estima, reconocimiento, afecto.
- *Autorrealización:* la necesidad de sentirse realizado, competente, eficiente, etc.

Maslow señaló que las necesidades humanas son jerárquicas. Una persona no se siente motivada hacia la autorrealización hasta que las necesidades de seguridad, pertenencia y reconocimiento están satisfechas. Las oportunidades de autorealización son percibidas como irrelevantes cuando otras necesidades más básicas permanecen insatisfechas.

- *Las fuentes de motivación*

Llamamos fuente de motivación a aquellas persones, espacios, situaciones, etc. que son capaces de generar en nosotros ilusión, optimismo y ganas.

- *Nosotros mismos*

Nosotros mismos somos la más poderosa de las cuatro fuentes de motivación (y, a la inversa, de desaliento) porque somos el punto de partida. Son nuestros pensamientos, nuestro nivel de ansiedad y nuestro comportamiento (los componentes de nuestro sistema emocional), los que en definitiva determinarán el uso que haremos de esas otras fuentes.

La fuente interior más importante de que disponemos para motivarnos son nuestros pensamientos.

- *Amigos comprensivos, familiares y colegas*

A veces necesitamos ayuda del exterior. Sobre todo cuando sufrimos un verdadero revés. No hay nada más duro, difícil y desalentador que el encontrarnos solos ante una situación penosa.

Las tres características principales de nuestras relaciones motivadoras son la confianza, la idoneidad y la disponibilidad.

La clave es la confianza, porque cuando pedimos ayuda nos hacemos vulnerables; para revelar nuestra vulnerabilidad, necesitamos que la otra persona sea alguien en quien podamos confiar, alguien se preocupe por nosotros, que no se aproveche de la situación, que respete la confidencialidad y que sólo quiera lo mejor para nosotros.

La idoneidad también es importante, porque si una persona no es capaz de responder a nuestras necesidades, no podrá ayudarnos. Nuestro mejor amigo puede ser una magnífica persona con la que disfrutamos enormemente, pero es posible que no sea capaz de motivarnos sencillamente porque no es de esa clase de personas.

- *Los "mentores emocionales"*

Esta persona nos sirve como modelo de motivación, es el individuo al que preguntaríamos: "¿Qué harías tú en esta situación? ¿Cómo te sentirías en esta situación?"

Da igual que nuestro mentor esté vivo o muerto, sea real o ficticio. Podría ser un terapeuta, un director espiritual, Jesucristo, etc.

Lo fundamental al elegir esta persona es que nos motive (incluso con humor). Pensar en nuestro mentor emocional tiene que reforzar nuestra confianza, entusiasmo, tenacidad, resistencia y optimismo.

- *Nuestro entorno*

Muchos de nosotros no prestamos mucha atención sobre nuestro entorno personal, y la mayoría de nosotros no tiene mucho control sobre su entorno laboral, sin embargo en nuestras manos está la posibilidad de hacer unas cuantas cosas para dar a nuestro entorno habitual –tanto familiar como laboral– un carácter más motivador.

Las tres áreas más importantes son:

1. Convertir nuestra casa y nuestro lugar de trabajo en un espacio sano (aire puro, olores, luz, sonidos y objetos o aparatos que nos rodean).
2. Rodearnos de objetos motivadores (que suelen ser absolutamente personales).
3. Organizar nuestro lugar de trabajo de forma que nos beneficie en lugar de perjudicarnos (el entusiasmo por hacer un trabajo puede durar muy poco si el lugar de trabajo no está orientado a la comodidad y a la accesibilidad).

- *Elementos de la motivación*

Recordemos que sólo podemos hacer lo que nuestras emociones nos permiten que hagamos, porque nos predisponen a actuar de una forma o de otra.

La manera en que la gente se motiva y enfrenta a los contratiempos y a la adversidad, varía de un individuo a otro, pero los elementos de motivación son comunes a todos: El motivo, confianza, optimismo, entusiasmo, perseverancia y resistencia.

El motivo es el elemento real por el que nos ponemos en movimiento, aquello que nos motiva.

La confianza nos da la certeza de que nosotros tenemos la capacidad para llevar a cabo una tarea.

El optimismo da esperanzas de que el resultado será positivo.

El entusiasmo iniciar sin dilación el trabajo y nos permite disfrutar del proceso.

La perseverancia nos mantiene centrados en la tarea.

La resistencia nos permite, si es necesario, empezar otra vez de cero. Cuando trabajan en consonancia de cada uno extraemos la suficiente motivación para alcanzar un logro lejano o terminar un trabajo difícil.

El logro es la punta final del ciclo; cuando habiendo tenido un motivo inicial, y confianza en sí mismo/a, y optimismo acerca de que se puede lograr la meta, y entusiasmo para dar los primeros pasos, y perseverancia para dar todos los que sean necesarios, y resistencia para manejar los contratiempos, los imprevistos, la adversidad y los fracasos repetidos, finalmente nos alzamos con el triunfo

La motivación se caracteriza por:

- Motivación de logro: esforzarse por mejorar o satisfacer un determinado criterio de excelencia.
- Orientación hacia los resultados. Estas personas y poseen una motivación muy fuerte para cumplir sus objetivos y sus exigencias, no vacilan en afrontar objetivos desafiantes y en asumir riesgos calculados, recaban información necesaria para reducir la incertidumbre y descubrir formas más adecuadas de llevar a cabo las tareas en las que se hallan implicados. Aprenden a mejorar su desempeño.
- Compromiso: secundar los objetivos de un grupo u organización.
- Las personas motivadas, están dispuestas a sacrificarse en aras del objetivo superior de la organización, encuentran sentido en su subordinación a una misión más elevada, recurren a los valores esenciales del grupo para clarificar las alternativas y tomar las decisiones adecuadas y buscan activamente oportunidades para cumplir la misión del grupo.
- Iniciativa: prontitud para actuar cuando se presenta la ocasión.
- Las personas dotadas con esta capacidad están dispuestas a aprovechar las oportunidades, persiguen los objetivos más allá de lo que se requiere o se espera de ellas. No dudan en

saltarse las rutinas habituales cuando sea necesario para llevar a cabo el trabajo, movilizan a otros a emprender esfuerzos desacostumbrados.

- Optimismo: persistencia en la consecución de los objetivos a pesar de los obstáculos.
- Estas personas insisten en conseguir sus objetivos a pesar de los obstáculos y contratiempos que se presenten. Operan más desde la expectativa del éxito que desde el miedo al fracaso, consideran que los contratiempos se deben más a circunstancias controlables que a fallos personales.

Habilidades de competencia social

Empatía es la capacidad de sentir las emociones que otros individuos están experimentando, así como comprender aquello que piensan respecto a su mundo.

La empatía ha sido definida por la *Enciclopedia Británica* como: *"la habilidad para imaginarse uno en el lugar del otro, para tratar de entender y comprender sus sentimientos, deseos, perspectivas, pensamientos, ideas y acciones"*.

La empatía es una capacidad innata que nos lleva a realizar actos de compasión y altruismo. La compasión es una emoción, la experiencia pasiva de compartir los miedos, la ira o la alegría de otra persona. Compasión significa "sufrir o experimentar con" asemejándose más al concepto de simpatía, mientras que empatía significa "sufrir o experimentar en". No parece una distinción muy importante. No obstante uno deja de ser empático cuando se contamina de los sentimientos de los demás, perdiendo su objetividad a la hora de intervenir. Cuando la empatía se caracteriza por la presencia de sentimientos de ternura, compasión, y cercanía, alcanza su nivel más óptimo llegando a ser un fin en sí misma, pero sin involucrarse en el modo de sentir del otro. En la distancia existente entre un grado y otro de empatía se halla la explicación de que ciertos individuos, aparentemente empáticos, puedan presentar una peor salud mental.

Sin embargo cuando el ser humano es capaz de dar el salto final y orientarse hacia una empatía en la que realmente se convierte en un observador, no enredándose en los sentimientos de su interlocutor, descubrimos a un ser humano con un nivel óptimo de salud mental, que además manifiesta unas relaciones sociales satisfactorias. Es aquella persona con la que solemos sentirnos bien y cuya mirada traspasa la ilusión de nuestros afectos.

Según el grado de desarrollo de empatía, se alcanzan los siguientes niveles

Nivel 1: Reconocer la emoción. La empatía requiere, cuanto menos, saber interpretar las emociones ajenas

Nivel 2: Responder a la emoción. En un plano más elevado, incluye percibir las preocupaciones o los sentimientos del otro y responder a ellos.

Nivel 3: Detectar qué hay detrás de la emoción y tratar con eso. En el nivel más alto, la empatía significa comprender los problemas e intereses que subyacen bajo los sentimientos del otro.

La empatía se caracteriza por:

- Comprensión de los demás: tener la capacidad de captar los sentimientos y los puntos de vista de otras personas e interesarnos activamente por las cosas que les preocupan.

  Las personas dotadas con esta capacidad permanecen atentas a las señales emocionales y escuchan bien. Son sensibles y comprenden los puntos de vista de los demás. Ayudan a los demás basándose en la comprensión de sus necesidades y sentimientos.

- Orientación hacia el servicio: anticiparse, reconocer y satisfacer las necesidades de los clientes.

  Estas personas comprenden las necesidades de sus clientes y tratan de satisfacerlas con sus productos o sus servicios, buscan el modo de aumentar la satisfacción y fidelidad de sus clientes, brindan desinteresadamente la ayuda necesaria. Asumen el punto de vista de sus clientes, actuando como una especie de asesores en quienes se puede confiar.

- Aprovechamiento de la diversidad: aprovecharnos de las oportunidades que nos brindan diferentes tipos de personas. Las personas empáticas respetan y se relacionan bien con individuos procedentes de diferentes sustratos; comprenden diferentes visiones del mundo y son sensibles a las diferencias existentes entre los grupos; consideran la diversidad como una oportunidad, creando un ambiente en el que pueden desarrollarse personas de sustratos muy diferentes; afrontan los prejuicios y la intolerancia.

- Conciencia política: capacidad de darse cuenta de las corrientes emocionales y de las relaciones de poder subyacentes en un grupo.

  Estas personas advierten con facilidad las relaciones clave del poder, perciben claramente las redes sociales más importantes; comprenden las fuerzas que modelan el punto de vista y las acciones de los consumidores, los clientes, los competidores; interpretan adecuadamente tanto la realidad externa como la realidad interna de una organización.

Habilidades sociales son un conjunto de comportamientos eficaces en las relaciones interpersonales. Habilidad: Capacidad y disposición para una cosa; cada una de las cosas que una persona ejecuta con gracia y destreza. Social: Relativo o perteneciente a un grupo o a un conjunto de individuos.

Pero hay un dato que no viene explícito en la definición y es que para ser hábil socialmente, se necesita desearlo: **Querer ser eficaz con los demás.**

"La conducta socialmente habilidosa es aquel conjunto de conductas emitidas por un individuo en contacto interpersonal, que expresa los sentimientos actitudes, deseos, opiniones y derechos de un modo adecuado a la situación, respetando estas conductas en los demás, y que generalmente resuelve los problemas inmediatos de la situación mientras minimiza la probabilidad de futuros problemas".

La habilidad social se caracteriza por:

- *Influencia*: utilizar tácticas de persuasión eficaces. Estas personas son muy persuasivas, recurren a presentaciones muy precisas para captar la atención de su auditorio, utilizan estrategias indirectas para recabar el consenso y el apoyo de los demás, orquestan adecuadamente los hechos más sobresalientes para exponer más eficazmente sus opiniones
- *Comunicación*: emitir mensajes claros y convincentes. Las personas dotadas de esta competencia saben dar y recibir, captan las señales emocionales y sintonizan con su mensaje; abordan abiertamente cuestiones difíciles, escuchan bien, buscan la comprensión mutua y no tienen problemas en compartir la información de que disponen.
- *Liderazgo*: inspirar y dirigir a grupos y personas. Estas personas articulan y estimulan el entusiasmo por las perspectivas y los objetivos compartidos; cuando resulta necesario, saben tomar decisiones independientemente de su posición; son capaces de guiar el desempeño de los demás, lideran con el ejemplo.
- *Catalización del cambio*: iniciar o dirigir los cambios. Las personas dotadas de esta capacidad reconocen la necesidad de cambiar y eliminar barreras. Desafían el status quo promoviendo el cambio y consiguiendo que los demás hagan lo mismo, modelando así el cambio en los demás.
- *Resolución de conflictos*: capacidad de negociar y resolver conflictos. Las personas dotadas de esta capacidad manejan a las personas difíciles y las situaciones tensas con diplomacia y tacto; reconocen los posibles conflictos, sacan a la luz los desacuerdos y fomentan la desescalada de la tensión; alientan el

debate y la discusión abierta; buscan el modo de llegar a soluciones que satisfagan plenamente a todos los implicados.

- *Colaboración y cooperación:* ser capaces de trabajar con los demás en la consecución de una meta común. Estas personas equilibran y centran la tarea con atención a las relaciones; colaboran y comparten planes, información y recursos; promueven un clima de amistad y cooperación; buscan y alientan las oportunidades de colaboración.
- *Habilidades de equipo:* ser capaces de crear la sinergia grupal en la consecución de metas colectivas. Las personas dotadas de esta habilidad alientan las cualidades grupales como el respeto, la disponibilidad y la cooperación; despiertan la participación y el entusiasmo; consolidan la identidad grupal, *el esprit de corps* y el compromiso; cuidan al grupo y su reputación, y comparten los méritos.

CONCLUSIÓN

El estudio de la Inteligencia Emocional nos permite tomar conciencia de nuestras posibilidades para cambiar aquellos aspectos de nuestra personalidad que nos impiden un estado de bienestar emocional.

Se ha investigado mucho para llegar hasta aquí y saber a día de hoy que podemos intervenir desde la razón para modificar conductas no deseables es un gran avance. Ahora sólo queda detectar qué deseamos cambiar, tener la voluntad de cambiarlo y ponernos en marcha para lograrlo.

CAPÍTULO 4
Perfiles familiares actuales

"El amor sólo comienza a desarrollarse cuando amamos a quienes no necesitamos para nuestros fines personales"
(Erich Fromm).

Antes de empezar con este capítulo quiero aclarar que no he tenido en cuenta familias monoparentales, ni parejas de homosexuales, divorciados/as, separados/as, viudos/as o solteros/as.

No me parece apropiado hacer un esquema genérico de la situación reduciéndolo a una tabla de doble entrada, como he hecho con las parejas más convencionales. Esta situación merece un tratamiento mucho más pulido. Es algo más complicado, puesto que hay más factores en juego: novios de ambos, hijos aportados, muerte de uno de los cónyuges y, en el caso de los homosexuales el rechazo que sufren por parte de la sociedad, etc.

No es que piense que sus hijos no deben estar reflejados aquí, ni mucho menos pero para el tipo de situación, llamémosle, no convencional, tengo esperando otro libro.

A lo largo de mis años de experiencia como maestra, he podido comprobar que la educación recibida en casa es la clave para la adquisición de nuevos aprendizajes. No se obtienen los mismos resultados académicos con un niño que está acostumbrado a obedecer, que es respetuoso con el entorno y que cumple las normas, que con un niño caprichoso y que habitualmente está acostumbrado a imponer en casa su criterio o a salirse con la suya.

Como ya se ha dicho anteriormente, la casa es la primera y más importante escuela para la vida. Las bases que se asientan entonces, son difíciles de modificar. Son los cimientos más sólidos sobre los que poco a poco se va a ir conformando nuestra personalidad.

Sin embargo, los niños cuando nacen, no vienen con un manual bajo el brazo y los padres aprenden a educar de forma autodidacta. Como se ha visto en capítulos anteriores, uno de los modos por el que aprenden nuestros/as hijos/as es por modelaje, es decir adoptan siguiendo el ejemplo, el modo en que los padres se comportan, entre ellos, con sus hijos y con el entorno. Por ello la personalidad de los padres es muy determinante en el tipo de educación que dan a sus hijos, y no sólo eso, sino la conciencia que tengan de sí mismos. Así pues podemos encontrarnos con personalidades autoritarias, despóticas, inmaduras, obsesivas, ansiosas, fóbicas, equilibradas, asertivas, etc.

Esta es la explicación por la que resulta tan complicado educar.

- En la mayoría de los casos, no tenemos conciencia de cuál es nuestra personalidad.
- En la mayoría de los casos no tenemos conciencia de cual es la personalidad de nuestra pareja.
- En la mayoría de los casos no tenemos conciencia de cómo se complementan ambas.

Si ambos somos ansiosos, transmitiremos a nuestros/as hijos/as ansiedad, ya que ninguno de los dos será capaz de contra restar la personalidad del otro.

Si ambos somos apáticos, transmitiremos apatía a nuestros/as hijos/as.

Si somos agresivos, pero nuestra pareja tiene la posibilidad de hacérnoslo ver, y nos ayuda a controlar la agresividad, es posible que nuestros/as hijos/as se libren de ser agresivos el día de mañana.

Etc.

Me hace gracia cuando pregunto a algunas parejas:

– ¿Qué quieres para tu hijo/a el día de mañana?

Y me contestan:

– Yo, con que sea feliz y autosuficiente me conformo.

¡Madre mía, les contesto, eso requiere más esfuerzo que ser Ingeniero de Telecomunicaciones! Además, prosigo si os fijáis, los/as hijos/as, en general, suelen seguir los pasos académicos de los padres/madres. De padres/madres abogados, algún hijo/a sale abogado, de padres/madres médicos, algún hijo sale médico, de padres/madres economistas algún hijo/a sale economista, etc. y termino preguntando:

– ¿Sois felices y autosuficientes?

Siempre se quedan pensativos y contrariados. Y termino diciéndoles:

– Pensad que no podréis transmitir a vuestros hijo/as, nada que vosotros no seáis.

Pues bien, además de tener en cuenta las personalidades de ambos cónyuges y la relación que se establece entre ambas, es indispensable que la pareja esté de acuerdo en el modelo educativo que traten de inculcar a su hijo/a.

El modo con el que los padres educan a sus hijos, responde a tres modelos de educación: Autoritario, Permisivo y Dialogante. Y dependiendo de los valores asumidos a lo largo de nuestra vida, la seguridad con la que transmitimos nuestro modelo y el miedo que limita nuestra capacidad de decisión nos mostraremos conservadores o liberales. Por tanto si hacemos un cuadro de doble entrada en el que las filas corresponden al modelo educativo y las columnas a nuestro modo de transmitir el modelo educativo. De las combinaciones de estos obtenemos seis tipos de padres/madres.

Modelo Educativo / Modo de educar	Conservador	Liberal
Autoritario	Autoritario/Conservador	Autoritario/Liberal
Permisivo	Permisivo/Conservador	Permisivo/Liberal
Dialogante	Dialogante/Conservador	Dialogante/Liberal

- Autoritarios–Conservadores
- Permisivos–Conservadores
- Dialogantes–Conservadores
- Liberales–permisivos
- Liberales–dialogantes
- Liberales–Autoritarios

PADRES AUTORITARIOS

Son padres a los que les resulta muy complicado conciliar la autoridad con el diálogo, con la tolerancia y con la flexibilidad. Suelen ser muy parcos en las expresiones de afecto. A veces es tal el autoritarismo que no sólo impide a los/as hijos/as expresar lo que piensan sino que les limita la posibilidad de pensar por ellos mismos/as.

Estos padres suelen educar hijos sumisos, dependientes y faltos de criterio, en muchas ocasiones hijos con ansiedad.

Sin embargo ocurre también que muchos adolescentes, educados con este sistema autoritario, cuando conectan con su entorno mediante su propia experiencia, comprueban que la vida es más saludable desde una perspectiva más tolerante. Observan cómo amigos suyos educados en ambientes más permisivos en los que el pensamiento de cada miembro de la familia es tenido en cuenta, les hace caer en la cuenta que el pensamiento individual, que evoluciona desde la perspectiva personal, genera un conocimiento más sólido del entorno, esta conclusión, a la que llegan los más capaces pone en tela de juicio el criterio de sus padres, perdiendo entonces estos, para ellos toda la autoridad. Es fácil, en estas situaciones que los hijos opten por tres caminos:

- Mienten a sus padres y les hacen creer que siguen sus principios, cambiando radicalmente su conducta cuando saben que no están a su alcance. Toman drogas de diseño y beben para poder compaginar toda una vida de pensamiento encorsetado con una libertad absoluta. Son chicos que se desarrollan inmaduros y que no tienen criterio por tanto suelen seguir las directrices del líder sin cuestionar si lo qué hacen es bueno o malo.

- Se rebelan optando por un mutismo absoluto, pierden la confianza que de pequeños tenían en sus padres, se encierran en su habitación y parece que desconectan con el entorno. Si las condiciones ambientales se lo permiten, se van de casa por temporadas a casas de amigos o vagan por las calles hasta altas horas de la madrugada llegando a casa y encerrándose en su habitación hasta bien entrado el día siguiente. En ocasiones manifiestan conductas agresivas.

- Sufren crisis emocionales y desajustes momentáneos en el desarrollo de su personalidad. Suelen acudir a especialistas, pues tienen reacciones que sus padres consideran fuera de su alcance.

PADRES PERMISIVOS

Son personas que crean un ambiente familiar blando, sin un mínimo de autoridad. Los padres asumen todas las responsabilidades en el reparto de obligaciones domésticas. Hacen por sus hijos/as aquellas tareas que deberían hacer ellos/as, como por ejemplo recoger su ropa, ordenar su habitación, ordenar su mesa de estudio, etc. Solucionan a sus hijos cualquier dificultad que tengan por pequeña que sea. Obvian aquellas exigencias mínimas que desarrollan poco a poco la responsabilidad y hábito de esfuerzo. No corrigen con firmeza la transgresión de la norma más elemental de convivencia. Son padres que no saben decir no por dos motivos:

Porque les resulta más fácil y rápido hacerlo ellos.

Porque sufren pensando que es para sus hijos/as un esfuerzo innecesario. No son capaces de presionar a sus hijos/as en el cumplimiento del deber. Los hijos/as, que saben perfectamente lo que van a conseguir de sus padres, utilizan cualquier estrategia para librarse de su responsabilidad, lloran, engañan, les hacen chantaje moral, etc. Todo un tratado de artimañas para conseguir ver a sus padres doblegados ante ellos/as. Esto les produce cierto placer, pero los padres no son conscientes de las consecuencias del tipo de personalidad que están desarrollando en sus hijos.

No les entrenan para el esfuerzo. No colaboran en el desarrollo de destrezas y de habilidades de sus hijos, no les enseñan a superar obstáculos, a saborear el placer de conseguir sus objetivos, a trazarse metas a conseguir sueños y sobretodo a disfrutar de la satisfacción del trabajo bien hecho. Los padres, sin tener conciencia de ello consolidan una personalidad exigente, caprichosa y agresiva al darles siempre lo que su hijo/a les pide, más allá de lo que el/ella necesite o en algunos casos se puedan permitir.

Las consecuencias de este tipo de educación son:

- Crean hijos/as dependientes, irresponsables e inseguros, con personalidades inmaduras, conformistas y sumisas.
- Crisis de identidad y sentimiento mínimo de autoestima. Con miedo a enfrentarse a cualquier situación en la que se sientan desprotegidos. No toman las riendas de su vida, están siempre dudando si lo que ellos/as deciden es lo más acertado. No se arriesgan, están de antemano convencidos de que no van a ser capaces. Tienen un rendimiento por debajo de lo normal.
- Hijos agresivos, despóticos. Niños que llegan a la adolescencia sin haber tenido un desarrollo moral coherente, que no aprendieron a diferenciar lo que está bien de lo que está

mal. Que, al no haber sido educado en el desarrollo de responsabilidad, comienzan a fracasar académicamente, repiten cursos, se descuelgan de sus amistades y buscan otras que estén en situaciones parecidas a las suyas y así no sentirse heridos en su autoestima. Se enfrentan a situaciones, para las que no han sido preparados y no saben elegir ante un conflicto cuál es la solución acertada para que el daño, en caso de que pueda haberlo, sea el menor. Son niños egocéntricos, egoístas, nada empáticos, que utilizan a los demás como instrumentos para conseguir sus objetivos. Como están acostumbrados a cumplir sus deseos, y no han aprendido a superar la frustración y a resolver sus problemas, cuando se les contraría, tienen brotes de ira, que en muchas ocasiones, como no saben autocontrolarse, derivan en agresiones verbales, en la mayoría de los casos, y físicas cada vez más frecuentes. Si a este tipo de conductas le sumamos aditivos del tipo: Desengaño amoroso, corpulencia, alcohol, drogas de diseño, padres débiles, etc. Las consecuencias pueden ser trágicas e irremediables.

PADRES DIALOGANTES

Me referiré con el término dialogante a aquellos padres que tienen claro su criterio. Que están seguros de sí mismos y que transmiten sus principios a través del diálogo. No tienen miedo a lo que sus hijos les puedan responder, ellos siempre se sienten cómodos y de buena gana frente a sus hijos. Utilizan experiencias diarias programas de TV, conversaciones de colegio, situaciones que se dan en los patios de recreo, lo que les cuentan sus hijos, lo que hacen otras familias, etc. para dialogar y transmitir poquito a poco los valores con los que deben crecer sus hijos, para que de adultos, sean personas éticas, de moral férrea de criterio propio y consecuentes con el modo de pensar.

Los padres dialogantes deben reunir ciertas características:

Son padres responsables, maduros, afectivos y sobre todo con espíritu de sacrificio.

Con respecto a la responsabilidad, saben establecer normas y límites. Nuestros/as hijos/as necesitan límites pues ello, les proporciona ubicación espacial y temporal, elemento imprescindible en el desarrollo intelectual. Saber siempre dónde tienen que estar y en qué momento les facilita avanzar habiendo quemado etapas, les sirve para crear expectativas.

En estos tiempos que vivimos, se oye a menudo: "Jo mamá…, es que me aburro", "No sé qué hacer"

También sabemos que muchos jóvenes acuden a especialistas con crisis emocionales sin que aparentemente haya ningún indicio de alteración psicológica.

Esto es debido, en muchas ocasiones, a que son niños a los que de pequeños no se les ha negado nada prácticamente nada, se les han ofrecido muchas cosas antes que ellos las pidan, se les descubre el mundo sin que ellos sientan la necesidad y cuando son adolescentes, han vivido experiencias que no les correspondían y que no tienen capacidad para digerir, por lo que acceden al mundo de los adultos sin experiencia real y a la espera de emocionarse y de disfrutar a tope. Este es el engaño al que inconscientemente les avocamos. Entonces surge la desilusión, todo lo que les queda por vivir, no es lo que esperaban exponiéndose en ocasiones ante situaciones que les hagan sentir que están vivos.

Padres que en cuanto a la responsabilidad se refiere, sepan establecer normas y límites. Debemos ser en cierto modo estrictos en la permisividad. No dar a nuestros hijos los caprichos que se le antojen, no consentir que transgredan los límites sin una sanción inmediata, no ceder cuando han sobrepasado los límites de nuestra paciencia. Todo esto sólo enseña a nuestro/a hijo/a a fomentar laxitud de conciencia y debilidad emocional.

Los padres responsables, saben delegar funciones en sus hijos/as a medida que estos/as van teniendo capacidad de asumirlas. A cada edad van inculcando unas responsabilidades o tareas y no otras.

Los padres responsables, son coherentes. Es una característica muy importante de los padres dialogantes. Los/as hijos/as saben siempre lo que sus padres esperan de ellos/as. Esto evita muchos "dolores de cabeza". Si el/la padre/madre establece que antes de los catorce años el/la niño/a no irá solo al cine, éste sabrá de antemano que pedir permiso será una pérdida de tiempo.

Si el/la padre/madre establece que que hasta los diez años los niños deben estar acostados antes de las diez y media, no se les ocurrirá pedir a sus padres que les permitan ver cualquier programa de T.V., saben de antemano que será algo innegociable.

Si los padres establecen que hasta los catorce años sólo se sale con los amigos, un día en el fin de semana, se evitarán enfrentamientos diarios cada vez que el/la hijo/a quiera salir con los amigos cualquier día de la semana, que parece ser, se está convirtiendo en una pauta más que habitual.

Si el padre/madre establece que hay que comer verduras y pescado, los hijos sabrán que poco a poco deben ir tolerando estos alimentos pues saben que es algo que no tiene discusión posible. Y así podría poner multitud de ejemplos.

La coherencia implica por lo tanto la no arbitrariedad. Unos padres que un día dicen una cosa y otro día por alguna razón de poco peso dicen la contraria, se verán sometidos a continuas situaciones estresantes de exigencia de explicaciones por parte de sus hijos y de chantajes morales, produciendo en los padres un desgaste emocional que imposibilita, en la mayoría de las veces, educar con objetividad y con sensatez.

Los padres dialogantes suelen ser maduros. Esta característica implica la capacidad de ponerse al servicio de los hijos, ayudándoles en su desarrollo pero sin invadir excesivamente en su intimidad. Son padres/madres que están presentes en el desarrollo de sus hijos pero son respetuosos con sus actos y secretos, están a su lado pero no les impiden pensar y crecer.

Los padres dialogantes se caracterizan por el modo en que aman a sus hijos/as. Les aman sin impedirles que crezcan, que se desarrollen, que vivan, que experimenten por sí solos. Muchos padres limitan a sus hijos por miedo. Controlan para satisfacer sus necesidades, para evitar su propio sufrimiento. Son padres egoístas.

Hay una cita de Erich Fromm que define perfectamente a los padres maduros: "El amor sólo comienza a desarrollarse cuando amamos a quienes no necesitamos para nuestros fines personales".

Pues sí, en estos años que corren, veo cómo los hijos parecen más un bien de consumo que tener, al igual que se tiene un coche o una casa, es decir para satisfacer sus necesidades.

Veo padres/madres que parece que tienen hijos para llenar un vacío, para quemar una etapa, para matar su aburrimiento, para...

Padres que disfrutan vistiendo a sus hijos con lacitos y volantes, padres que se sienten orgullosos de ver a sus hijos con una mochila al empezar el curso, padres que comentan a sus amigos lo bien que corre su hijo/a o lo virtuoso/a que es con el violín. Padres/madres que consideran que llevarles de acá para allá a cumpleaños, extraescolares, al cine, a los Burguers o Macdonals, etc. es su obligación.

Los padres dialogantes demuestran el afecto de otro modo. Son padres que saben que el mejor tiempo es el que pasan con sus hijos/as, que no necesitan que otras personas sean las que les entretengan. Padres que saben que es mejor una hora con su hijo/a llevando el ritmo con un bote de cola-cao, o haciendo una locomotora con un tetra-brik, un vaso de plástico y cuatro tapas de paté, que una hora de piano con un profesor especialista. Padres que saben enseñar a sus hijos a comer ensalada de remolacha y pescado en salsa, y que este tipo de tiempo compartido, crea unos lazos mucho más firmes y seguros que el empleado con un amigo/a en una pizzería. Padres que saben que acostar a los hijos/as diariamente a su hora y con un ratito de conversación es más efectivo para que descansen, que cansarles viendo la T.V. hasta que se aburren.

Querer a los hijos implica esto. Los padres afectuosos sacrifican sus sentimientos en pos del desarrollo integral de sus hijos. Son padres que no sufren cuando ven llorar a sus hijos por caprichos. Padres que no ceden a los chantajes de sus hijos, padres implacables que cuando dicen no es siempre no. Padres que con esfuerzo y dedicación consiguen que sus hijos aprendan a ser responsables, padres que saben transmitir a sus hijos el verdadero valor que tienen las cosas, que saben dar muestras de afecto sin tener que recurrir a lo material. Padres de los que sus hijos se sienten orgullosos.

La paciencia en los padres dialogantes es una característica que va innata. La paciencia debe ser una aliada incondicional. Los hijos necesitan tiempo físico y tiempo eficaz. A veces coinciden.

El tiempo físico se mide con el reloj, es el tiempo que estamos con nuestro/a hijo/a, compartiendo el mismo espacio pero es posible que nuestro hijo durante ese tiempo, no nos haya sentido cerca.

A veces me comentan algunos padres: "Oye Beatriz ¿Por qué mi hijo a veces me pregunta si le quiero? ¿es que lo duda?". Yo le respondo siempre: "El amor se transmite por la piel, tú puedes decirle a tu hijo tantas veces al día como quieras que le quieres, pero no siempre le llega el mensaje como tú esperas".

El tiempo físico es siempre mejor que la ausencia de tiempo, pues este tiempo implica control, es decir, los padres están cerca por si pasa algo, sin embargo, no saben transformar ese tiempo en tiempo eficaz.

El tiempo eficaz es el tiempo de calidad, es el que requiere paciencia, es el que asegura nuestro amor a los hijos/as. Los padres que saben hacer buen uso de ese tiempo, no se plantean nunca si sus hijos les quieres o no. Saben tanto los hijos como los padres que no hay lugar para dudas. Es el tiempo que no desgasta. Es posible que repitamos cien mil veces dónde deben ir colocados los calcetines, o el cepillo de dientes o la pasta, etc. Nos cansamos con la sensación de que de repetirlo de ese modo es una pérdida de tiempo. Sin embargo, no es así. Cultivamos un terreno que más tarde que temprano, dará sus frutos.

Ese tiempo eficaz es el que asegura una cosecha de primera.

Pues si hasta aquí, la cosa no era fácil, más se complica al verificar que para que la educación sea coherente, los estilos de educar entre los cónyuges y el modo de hacerlo, <u>debe ser el mismo</u>.

Cuando uno de los miembros es permisivo y el otro autoritario, por ejemplo, o uno más conservador y el otro más liberal, es posible que si no se ponen de acuerdo previamente al imponer las normas delante de sus hijos, entrarán en conflicto permanentemente. Sobre todo, hay una serie de temas que suelen ser claves para generar diálogo y aprovechar para transmitir valores.

El modo en que los padres hablan con sus hijos sobre la moral, la libertad, la fe y la ideología política, va a definir el modelo educativo al que me refería anteriormente y habrá que tener muy en cuenta el modo en que lo hacemos, ya que estos temas son en la adolescencia, los posibles puntos de fricción y de desestructuración familiar si no se tratan con la debida consideración y en el momento oportuno.

La relación que se forja desde un principio es la que permanece para siempre. Si nuestro modo de comunicarnos con nuestros hijos es desde siempre afectivo, tolerante y comprensivo, la comunicación entonces, se convertirá más adelante en un importante instrumento de influencia y persuasión. Sin embargo, si nuestra comunicación con los hijos es más bien instrumental (para conseguir objetivos) al principio no habrá problema pero como ocurre casi siempre, más adelante nuestros hijos verán en nosotros personas que imponemos nuestro criterio sin tener en cuenta el suyo, lo que hace que piensen que no son importantes para nosotros, que su opinión no vale y cuando sean adolescentes no nos tendrán ellos en cuenta a nosotros para sus planes.

Es importante tener en cuenta que nuestra habilidad para comunicarnos implica un conjunto de comportamientos adquiridos, es decir, a comunicar se aprende, no se hereda, por tanto si a comunicarnos se aprende, tendremos que hacer una valoración de cómo lo hacemos nosotros para poder enseñárselo a nuestros hijos pues difícilmente se enseñan aquellas habilidades que no se poseen.

Antes que eso debemos preguntarnos si nos sorprendemos a menudo dialogando con nosotros mismos, ¿cómo lo hacemos? La comunicación con nosotros mismos también irá determinando nuestra vida mental, y por lo tanto el curso de nuestras acciones.

Por ejemplo: nuestras dificultades aparecen menos desagradables o más soportables cuando las expresamos y vemos que pueden ser modificadas.

Y ahora… ¿cómo nos comunicamos con nuestro entorno?

Preguntémonos por ejemplo.

¿Sabemos aceptar la autoridad? ¿Cómo lo hacemos?

¿Sabemos expresar lo que sentimos? ¿Cómo lo hacemos?

¿Cómo asumimos y nos relacionamos en nuestro trabajo?

¿Cómo nos sentimos de aceptados por los demás?

¿De qué temas hablamos?

¿Nos sentimos incómodos al hablar de nosotros mismos?

Nosotros transmitimos a nuestros hijos aquellas habilidades que poseemos. Si nuestra comunicación es significativa, implica que no sólo tenemos en cuenta los elementos de la comunicación sino, el modo en que hacemos uso de ellos.

Haremos entonces otra clasificación, que a mi juicio debe ser más tenida en cuenta a la hora de educar a nuestros/as hijos/as:

PADRES ACORDES

Parejas de acuerdo con el modelo educativo y con el modo de educar. Ambos se implican al mismo nivel y están siempre de acuerdo en la forma de imponer las reglas. En este tipo de parejas, los desacuerdos se ventilan siempre al margen de los hijos. En presencia de ellos/as nunca se quitan la razón, hacen un frente común y sólido al que los hijos les resulta casi imposible franquear.

PADRES DESACORDES

Parejas en desacuerdo, no tanto con el modelo educativo como con el modo de educar.

Parejas que pierden el tiempo y la energía discutiendo entre ellos sobre lo que es mejor para sus hijos/as. Se quitan la razón en presencia de ellos/as y cuando llega la adolescencia, el hogar se convierte en un campo de batalla. Utilizan a los hijos para imponer su autoridad y demostrar a su cónyuge que no tiene razón y que todos los problemas generados en el ámbito familiar son debidos a su ignorancia. Convierten a los hijos/as en instrumentos a los que utilizan para culpar a su pareja de los problemas existentes en el seno familiar y así eximirse ellos/as de responsabilidad. En este tipo de parejas, cada uno asume un papel. Uno, el aparentemente más fuerte, asume el papel de lobo y el otro aparentemente más sometido asume el de cordero. Sin embargo, hay que ser hábil para identificar en la pareja quién es el lobo y quién es el cordero, puesto que en algunas ocasiones el lobo se pone la piel de cordero y es capaz de engañar al mismísimo cordero que acaba por creerse que es el lobo. Este tipo de actitudes, confunde mucho a los hijos.

La falta de acuerdo en el modo de educar, genera conflictos personales que terminan con falta de comunicación, malos modos y en el peor de los casos agresividad. Al final, los hijos/as que no entienden cómo les exigen a ellos/as, lo que no son capaces de controlar sus padres, aprovechan la falta de acuerdo de estos para llevarse el gato al agua y salirse con la suya.

PADRES MONOCORDES

Este grupo, engloba a aquellas parejas en las que uno asume toda la responsabilidad y el otro le cede la suya, es decir, ni entra ni sale en las decisiones de su cónyuge. Da la sensación que todo le parece bien, aunque no se sabe si es ésa la razón o bien falta de criterio, falta de seguridad o en muchas ocasiones comodidad. Lo cierto es que en este tipo de parejas el que lleva el peso acaba en ocasiones tirando la toalla.

Si añadimos ahora a la tabla de doble entrada de estilos y modos de educar, el criterio de tipos de parejas, nos permitirá comprender por qué es tan difícil educar.

PADRES	Monocordes	Acordes	Desacordes
Autoritario/ Conservador	Autor./Conser. Monocordes	Autor./Conser. Acordes	Autor./Conser. Desacordes
Permisivo/ Conservador	Permis./Conser. Monocordes	Permis./Conser. Acordes	Permis./Conser. Desacordes
Dialogante/ Conservador	Dialogant./ Conser. Monocordes	Dialogant./ Conser. Acordes	Dialogant./ Conser. Desacordes
Autoritario/Liberal	Autor./Liberal Monocordes	Autor./Liberal Acordes	Autor./Liberal Desacordes
Permisivo/Liberal	Permis./Liberal Monocordes	Permis./ Liberal Acordes	Permis./Liberal Desacordes
Dialogante/Liberal	Dialogant./Liberal Monocordes	Dialogant./ Liberal Acordes	Dialogant./ Liberal Desacordes

Veremos con un ejemplo, cómo se trata el tema de la libertad.

Situación1 (Permisivo–Liberal–Desacorde)

Isabel y Luis son padres de dos hijos Carmen de 15 años y Pedro de 12

Carmen y sus padres están en el cuarto de estar. Su hermano Pedro está en su habitación. Carmen está terminando las tareas del colegio mientras la televisión está encendida y comenta:

– Mamá, he pensado pasar el fin de semana con Lidia (amiga de Carmen y cuyos padres sólo se conocen vagamente), se queda sola porque sus padres van a salir y llegarán tarde.

– Pero ¿vais a estar solas o va a haber alguien más?

– No, no. Sólo vamos a estar nosotras, además a ti que más te da.

– ¿Y qué vais a hacer?

– Joder mamá, que pesada, ¡y yo que sé! Pues lo de siempre, cenar y ver una peli.

(El padre callado, no despega los ojos del periódico)

– A ver Luis tú qué dices, ¿no oyes a la niña?

– Qué voy a decir si hace siempre lo que le da la gana.

– Pues podrías decir algo.

– Pero vamos a ver ¿A quién se lo ha preguntado? Además si ya sabes que a mí no me gusta que duerman fuera de casa.

– Hombre yo creo que si van a estar en una casa y no andan por ahí zascandileando…

– Pues entonces, a mí no me metas, resuélvelo tú como haces siempre.

– De acuerdo Carmen, ve pero en cuanto llegues llámame para saber que has llegado bien. ¿de acuerdo?

– Vaaaaaale.

Situación 2 (Autoritario–Conservador–Acorde)

– Mamá, he pensado pasar el fin de semana con Lidia (amiga de Carmen y cuyos padres sólo se conocen vagamente), se queda sola porque sus padres van a salir y llegarán tarde.

– ¡Pero bueno! ¿y quién es Lidia?

– Jo mamá, pues una compañera del colegio, ya me has oído hablar varias veces de ella.

– A ver Carmen, sabes que no me gusta que durmáis fuera de casa, además no conozco a sus padres y no me parece bien que vayas a casa de personas que no conocemos.

– Pero mamá es que mis amigos no son hijos de los tuyos, entonces nunca voy a poder ir con nadie.

(El padre interviene)

– Además, ¿va alguien más o estáis solas?

– Solas

(Con gesto contrariado)

– De ninguna manera

(La madre interviene con talante más conciliador)

– Mira hija, pasan muchas cosas y tienes que entender que nos dé miedo que te pase algo.

– Pero mamá ¡qué me va a pasar!

– ¡Ay hija! Se oyen tantas cosas. Vamos que no quiero ni pensar que te pasara algo que yo pudiese haber evitado.

– Pero mamá, no puedes estar toda la vida así.

(El padre con tono autoritario)

– ¿Has oído a tu madre?... Pues no hay nada más que hablar.

Carmen recoge sus libros y se va a su habitación.

Situación 3 (Dialogante –Liberal–Monocorde)

– Mamá, he pensado pasar el fin de semana con Lidia (amiga de Carmen y cuyos padres sólo se conocen vagamente), se queda sola porque sus padres van a salir y llegarán tarde.

– ¿Lidia? ¿Qué Lidia?

– Mamá, la que fue mi compañera de mesa el trimestre pasado.

– No la recuerdo.

– Bueno, mami tú casi nunca te acuerdas de las cosas que hablamos. Pero eso ahora no viene al caso. ¿Me dejas o no?

– ¿Vais a estar solas o va a haber alguien más?

– Solas

– ¿Y Por qué no le dices a ella que se venga a casa?

– Es que se ha bajado una peli de Internet, la tiene en su ordenador y habíamos pensado verla.

– ¿Qué película es? Supongo que será autorizada.

– ¡Ay! mamá de verdad, parece que nunca te fías de mí. ¿hasta cuando me vas a seguir haciendo un tercer grado cada vez que quiero salir a algún sitio?

– Mira hija, tienes que entender que tienes 15 años y es nuestro deber como padres hacer lo que esté en nuestra mano por tu bien, y desde luego, saber dónde está nuestra hija y qué es lo que hace cuando sale de casa es lo menos que podemos hacer. Además, ahora que recuerdo ¿No tenía Lidia un hermano?

– Si, su hermano tiene 18 años y siempre se quedan los dos, lo que pasa es que este fin de semana se va a dormir a casa de un compañero pues se van a reunir varios para repasar Selectividad.

– De acuerdo, dame el teléfono de su madre. Voy a llamarla, así hablo con ella pues la verdad es que no la recuerdo bien, además me gusta que sepa que en esta casa hay control y que nos preocupamos de lo que hacen nuestros hijos.

El padre que aparece por ahí, cruza la habitación y oye como su esposa se dispone para hablar con los padres de la niña, al tiempo que su hija coge su mochila y se sitúa al lado de su madre.

– ¿Dónde vas?

– A dormir a casa de una amiga

– Bueno hija pues podrías darme un beso ¿no?

– O.K, muac.

(La madre)

– Está bien, vamos a llamar a su casa. Recuerda hija, pórtate bien, recoge la habitación cuando te levantes, no des trabajo a sus padres y sé amable con ellos.

– Vaaale mamá, gracias.

La madre comenta

– Hombre, si hablamos con los padres y verificamos que no van a venir muy tarde… En una situación parecida, a mí me gustaría que mi hija se quedara acompañada, así que no me parece mal.

(El padre asiente)

Analizando las tres situaciones se observan claramente los tres perfiles.

La situación 1 (Permisivo-Liberal-Desacorde)

Se caracteriza por unos padres que nunca han puesto límites a sus hijos, que no se han hecho respetar cuando sus hijos eran pequeños. Padres que piensan que a los hijos hay que pararles los pies cuando lo que hacen no es de su agrado y parece que de pequeños no tiene malicia y lo que hacen les resulta gracioso. Padres que se pasan la vida quejándose de lo difícil que es hacer con sus hijos lo que se debe hacer. Padres que repiten a sus hijos una y otra vez eso no se hace, te lo he dicho muchas veces, haz el favor de no hacer eso, se lo voy a decir a tu padre, te voy a acabar castigando, cada día estoy más harta de lo desobediente que eres, etc.

Ese tipo de comentarios los repiten una y otra vez infinitas veces a lo largo del día, pero son incapaces de poner fin a la situación.

Cuantas veces estando en un centro comercial observamos como un niño de 4 o 5 años va tocando y tirando los objetos de los estantes y su madre viéndolo le dice:

– Haz el favor de estarte quieto y no tocar nada.

El niño lo repite

– Pero hijo te dicho muchas veces que eso no se toca.

El niño lo vuelve a tocar.

– Vamos a ver hijo, ¿no te das cuenta que esas cosas no son para jugar?

El niño vuelve a la carga.

– Pero ¿no me has oído?

El niño vuelve a retar a su madre y toca otra vez.

– Desde luego hijo, no sé que es lo que voy a hacer contigo.

Coge a su hijo de la mano y le retira.

Estos padres suelen criar hijos irrespetuosos. Niños que de pequeños desobedecen a sus padres y cuando no se salen con la suya les insultan mientras sus padres permanecen inalterables ante este tipo de conductas.

Los padres que consienten que sus hijos pequeños les digan cosas del tipo: "ahora no quiero", "no me da la gana", "eso no lo voy a hacer", "eres tonta/o", "no te quiero", "vete a la mierda", etc.

Padres que permitan amenazas tales como: "se lo voy a decir a papá/mamá", "me voy a ir a vivir con papá/mamá (en el caso que los padres vivan separados)"

Este perfil de padres, muy común en nuestra sociedad, cometen el error de no enfrentarse a sus hijos mientras son dóciles y desaprovechan la oportunidad de hacerlo cuando éstos no tienen todavía la seguridad para intentar enfrentarse a sus padres. Han perdido una oportunidad valiosísima en un momento irrepetible. Deberían haber previsto que para poder negarse a los caprichos a sus hijos adolescentes, tienen que enseñárselo cuando son pequeños. Como dije en un principio, todo lo que se fija en la infancia permanece, o deja sus poso en la adolescencia, y hay que tener presente que en este período de cambios es cuando más difícil resulta inculcar los límites.

Este tipo de padres cría hijos irrespetuosos, engreídos, autosuficientes, que tienden a hacer lo que quieren sin encontrar obstáculos. Suelen ser niños que como no están acostumbrados a las normas, se adaptan mal en el colegio. Les resultan difíciles las tareas que requieren atención. Les cuesta hacer los deberes en casa, pues no han desarrollado el sentido de responsabilidad y los dejan siempre para el final de la tarde después de ver la televisión negándose a hacerlos cuando su madre o la persona que está a su cuidado se lo indica. Suelen poner todo tipo de excusas (es que no los entiendo, es que el profesor lo ha explicado mal, es que no he apuntado los deberes, es que...etc.) Al final del día los deberes no están como deberían y el niño se acuesta sabiendo que no ha cumplido con su deber pero sin que padres e hijo sepan la importancia que tiene este tipo de situaciones en el desarrollo personal y social del niño.

Situación 2 (Autoritario−Conservador−Acorde)

Esta situación se caracteriza por unos padres cuyo deseo es educar hijos que piensen como ellos, que sus hijos sean su reflejo. Suelen ser padres poco tolerantes con miedo a dialogar con sus hijos pues, aunque ellos están absolutamente convencidos que su modo de pensar es el adecuado no tienen tanta seguridad para defenderlo y puesto que los hijos adolescentes requieren excesivas explicaciones para que les convenzan de algo que ellos no comparten, estos padres prefieren imponer en vez de dialogar. Esto les ahorra, en un principio, muchos quebraderos de cabeza pero cuando se tratan temas en los que la libertad o la moral, por ejemplo, son las protagonistas se muestran autoritarios, imponen sus normas de forma rígida, sin consenso, sin tener en cuenta que, dependiendo de la edad, los hijos merecen que se les tome en cuenta. Son padres muy protectores que ponen muchos límites para estar ellos más tranquilos, suelen ser miedosos, utilizan su autoridad para protegerse y así evitar situaciones que les desestabilizan.

Para ellos educar es someter a los hijos a normas preestablecidas que deben acatarse porque sí, nunca se someten a crítica ni se permite dialogar sobre ellas. Padres calculadores y rígidos que piensan que están en la verdad absoluta.

Situación 3 (Liberal−Dialogante−Monocorde)

En esta situación, es uno el que asume el papel, el otro cónyuge siempre está de acuerdo. Unas veces porque le resulta más cómodo y otras porque no se atreve a llevarle la contraria a su pareja.

En el caso de padre o madre dialogante, la situación no resulta complicada porque el modelo educativo es el adecuado. Ambos tienen claro cómo deben actuar en cada momento. Sin embargo, en este caso el único problema es el que acontece cuando el que lleva el peso de la educación de los hijos se cansa de hacerlo solo. Es posible que su malestar se filtre en la convivencia familiar y los problemas que no surgen entre padres e hijos aparezcan en el seno de la pareja.

Pues si la cosa no es del todo complicada, puede complicarse más cuando el hijo que tenemos frente a nosotros, es genéticamente un "niño difícil" me refiero al término "difícil" para designar a aquellos niños que desde que nacen, se adaptan mal al entorno. Niños que no toleran bien el alimento, que no descansan lo necesario, que cuando van creciendo siguen sin dormir bien, que tienen muchas rabietas, que están a menudo de mal humor, etc.

Niños que crecen desarrollando un tipo de personalidad irascible, caprichosa, exigente, etc.

A este tipo de niños, no se les educa de la misma manera que a aquellos que se adaptan bien al entorno "niños fáciles". Hijos con los que se disfruta, esos que los padres están deseando que se despierten para tomarlos en sus brazos. Estos niños reciben más tiempo eficaz de sus padres, es decir tiempo de más calidad por lo que desarrollan una personalidad más empática y suelen, si se les educa bien, tener menos problemas de relación que los "niños difíciles".

CONCLUSIÓN

Tener conciencia del perfil familiar que caracteriza la pareja es de suma importancia. En primer lugar es de vital importancia conocernos a nosotros mismos y saber cómo reaccionamos en situaciones difíciles, pues cuando las cosas van bien, en general, no aparece nuestro verdadero yo. En segundo lugar es fundamental conocer la personalidad de nuestra pareja y comprobar si encaja con la nuestra y si nos va a hacer más fácil o más difícil la convivencia y por último estar de acuerdo con el modelo educativo elegido para educar a nuestros/as hijos/as, exigiendo una implicación equitativa a la hora de imponer las normas.

No discutir nunca delante de nuestros hijos nos ayudará a controlarnos después en situaciones de riesgo, en las que podemos perder los papeles y por ende toda nuestra razón y autoridad. Si aprendemos a callarnos cuando nuestros hijos son pequeños, en su adolescencia habremos hecho de esto un hábito. Todo será mucho más fácil.

CAPÍTULO 5

Prevenir con Inteligencia Emocional

*"Lo que decide el destino de cada ser humano
es lo que ocurre dentro de su cerebro cuando se enfrenta
con lo que ocurre fuera de su cerebro".*

(Eric Berne)

Estamos en un momento histórico en el que parece que se ha inventado casi todo y sin embargo es cuando más dificultad tenemos para enfrentarnos a los males que lo caracterizan. Podríamos hacer una lista interminable de todo aquello que nos produce sufrimiento pero si hacemos grupos, vemos que quedan reducidos a siete: el mal uso de las nuevas tecnologías de información y comunicación (Tics), enfermedades, guerras, terrorismo, corrupción, desastres naturales y hambre. Y estos siete grupos son precisamente los siete grandes males que caracterizan la sociedad de consumo y que según los estudiosos del tema es la responsable de nuestro "estado de bienestar".

Ante este contrasentido cabría una profunda reflexión que respondiese a las siguientes cuestiones:

¿La sociedad de consumo es causa o efecto de la situación que vivimos? ¿Qué beneficios tiene a corto y a largo plazo el mantenimiento de esta situación? ¿Quiénes nos beneficiamos o sufrimos sus consecuencias?

He querido introducir el capítulo de esta manera porque el problema está realmente ahí. En la forma en que cada uno traslada la situación a su modo de vida. En cómo asume las consecuencias y en qué medida obra en coherencia.

Todos podemos juzgar el rumbo que está tomando la sociedad, criticar a los gobiernos por no tomar medidas de intervención, etc. pero ¿Somos coherentes con nuestro pensamiento a la hora de tomar decisiones? ¿Cómo transmitimos a nuestros hijos lo que está bien o lo que está mal? ¿Somos un modelo a imitar?

El panorama es desolador pero aquellos que tenemos la facilidad de ver los toros desde la barrera podemos intervenir o no para mejorar la situación. Muchos pensarán que es imposible hacer nada que detenga esta situación. Parece que eliminar el cáncer o la esclavitud, que con la inmigración ilegal parece que está otra vez cobrando importancia, no está en nuestra mano. Intentar paliar los desastres naturales fruto de la contaminación del planeta, tampoco. Detener la pornografía infantil y proteger a la infancia, tampoco. Ese sentimiento de impotencia genera una conducta de exigencia hacia los gobiernos o a las autoridades pertinentes para que intervengan y se ocupen de lo que es su cometido, sin embargo al contrastar su incapacidad para resolverlo, se produce un sentimiento de crispación que se traslada a la vida familiar. Bien, eso es una forma de asumir el problema.

Otras personas prefieren hacer donativos, obras sociales, etc. y piensan con ello que es la mejor manera de contribuir e intentar equilibrar la desigualdad social, pero saben que esa no es la solución, lo cual también les produce crispación.

Otros esconden la cabeza debajo del ala y ni siquiera se plantean si deberían hacer algo, sin embargo, saben que no están obrando bien y eso, a la larga, también produce crispación.

¿Qué pasa entonces? Pues que un tanto por ciento muy alto de la población mundial de países desarrollados sufre crispación y esta se traduce en tristeza, apatía, crisis de ideas, falta de imaginación, de creatividad, de confianza en uno mismo, falta de ilusión etc. en el mejor de los casos. En otras ocasiones en insomnio, crisis de angustia, estrés, depresión, ansiedad, etc. y eso sin entrar en patologías de mayor alcance. Lo que quiero decir con esto es, que el modo en que asumamos los problemas y el modo en que actuemos, así nos afectarán. Está claro que no podemos quejarnos y culpar a los demás de la situación generalizada que vive hoy nuestra sociedad. Es la injusticia y la desigualdad la que nos crispa y la que hace que nos enfrentemos unos a otros, exigiendo comprensión por parte de los demás.

¿Cuál sería la solución? En este momento se puede decir que no hay solución. Nada va a cambiar a corto plazo, tendría que haber una revolución social a nivel mundial, una concienciación generalizada de que la situación actual es prácticamente insostenible. Sin embargo, este tipo de revoluciones surgen cuando no hay otra salida, cuando no se tiene prácticamente nada que perder, pues no se tiene casi nada y sin embargo se tiene mucho que ganar, entonces las personas se unen con un fin común, un objetivo a alcanzar, que conseguido, les libera. Pero hay un problema y es que para que todos se unan con un mismo deseo, una misma meta que beneficie a todos por igual, debe cumplirse una condición y es que todos tendrían que partir del mismo punto, es decir a todos les debe unir el mismo sufrimiento y todos deberían tener las mismas necesidades. No es el caso. Nuestra situación, a nivel mundial, es muy diferente. Es evidente que no todos estamos en el mismo punto de partida, que no tenemos las mismas necesidades y lo más importante, que detrás de todo este sufrimiento hay todo un universo de intereses sobre el que no podemos intervenir. Eso lo sabemos y es como dije en un principio, lo que crea crispación. Bien, pues no hay que ser pesimista. Si hay solución, la inteligencia emocional es el antídoto para combatir el mal de este siglo.

Sabemos que en este nuevo siglo la mejor manera de combatir es prevenir. Empezar poquito a poco, desde lo más elemental pero no por ello lo menos importante. El truco está en trasladar el problema mundial a una esfera más manejable: la familia. Desde ahí sí podemos intervenir. En esa esfera sí podemos inculcar la honradez, la libertad, la justicia, la responsabilidad, el altruismo, el amor desinteresado, la nobleza, el gusto por las cosas bien hechas, el bienestar que produce la sensación del deber cumplido, el valor de la amistad, el sentido del humor, la alegría, la cortesía, etc.

No es nada fácil por posible que sea. Enseñar a nuestros hijos con nuestro ejemplo, valores ya en desuso según expliqué anteriormente, no es nada fácil.

¿Cómo transmitir a nuestros hijos la idea de justicia?, ¿y de libertad?, ¿y de moral? ¿Cómo explicarles los perjuicios de las guerras? El mundo en el que vivimos es un absoluto contrasentido. ¿Qué moral puede albergar el sufrimiento de inocentes en beneficio de intereses a gran escala? ¿Entenderían nuestros hijos que haya personas que trafiquen con menores o que hay países que invierten en fabricación de armas más que en educación?

Debemos ser realistas. No vamos a cambiar nada a nivel general pero sí podemos hacer mucho si trabajamos a fondo desde nuestra posición.

Se puede cambiar el todo cuando cambian las partes, sin embargo es difícil que cambie una situación general sin que haya consenso por parte de los miembros que la componen. Hay que tener claro que la prevención tiene que empezar desde los escalones más bajos, es decir, desde la educación familiar en primer momento y escolar en segundo.

Al hombre del futuro hay que capacitarle personal y socialmente, preparándole para un futuro intelectual en el que se implique activamente y participe del intercambio de conocimientos. Devolverle la ilusión, la confianza de que un mundo mejor es alcanzable con esfuerzo y dedicación. Empezando desde lo más elemental. Algo tan importante y que parece que va quedando en el olvido o que es privilegio de muy pocos.

En la escuela se ocupan principalmente de desarrollar capacidades intelectuales del tipo lógico–matemático, dejando de lado en la mayoría de las ocasiones, todo lo referente al desarrollo emocional, que como se sabe, incide directamente en el modo de asumir la realidad. Pues bien, como el aspecto emocional es un pilar en el desarrollo personal, me ocuparé de este aspecto como primera medida de prevención.

Como se ha visto anteriormente, las emociones son reacciones innatas (expresiva, fisiológica y conductualmente) ante situaciones perturbadoras; cuando esa reacción se realiza de forma consciente, se puede hablar de sentimiento.

Las personas tienen la posibilidad de manejar sus sentimientos como consecuencia de las valoraciones que hacen sobre la realidad que les rodea. "Domesticar" la vida emocional requiere saber enfrentarse a las emociones y ejercer sobre ellas un control emocional que permita la realización personal y el bienestar social.

Cuando un niño comprueba que el dominio de una técnica se consigue con esfuerzo y disciplina, gran parte del camino se ha andado ya. Este convencimiento sólo se adquiere con la experiencia y somos los padres los que debemos proporcionar a nuestros hijos situaciones que permitan comprobarlo.

Durante la adolescencia la presión social del grupo de amigos es muy grande. Aquellos chicos que tengan mayor autoestima y sean capaces de expresar sus sentimientos, más fácil les será resistir a dicha presión.

Las reacciones emocionales coherentes sólo aparecen cuando ha habido un entrenamiento previo. Es decir, cuando una persona necesita hacer uso de su control emocional porque la situación lo requiere, si antes no lo ha aprendido, no podrá utilizar esa herramienta tan valiosa. Por ejemplo, cuando un adolescente se encuentra en momento decisivo en el que su conducta va a ser juzgada y de ese juicio depende su futuro académico inmediato, si no ha aprendido a comportarse previamente difícilmente dará la talla en el momento necesario.

La habilidad para controlar las emociones está en la base de la voluntad y del carácter; y ambos se ha comprobado que son susceptibles de cambio y de mejora; por tanto abordaré la educación emocional desde esta perspectiva.

Son muchos los gabinetes psicopedagógicos que tratan problemas de inadaptación, estrés infantil, ansiedad, depresión, etc. Al final todos los problemas se refieren a uno solo: falta de control emocional.

Los efectos psicopatológicos que se desencadenan se tratan con psicoterapia emocional, siendo muchos los enfoques psicoterapéuticos que centran su atención en la emoción.

Padres y especialistas en educación sabemos que el mayor enemigo al que nos enfrentamos a la hora de educar es la falta de comunicación existente en los hogares que se traslada inevitablemente a los demás ámbitos sociales, ámbito escolar inmediatamente y laboral posteriormente. Es por tanto una medida de vital importancia para prevenir desequilibrios posteriores, enseñar a nuestros hijos a comunicarse de manera coherente y eficaz con su entorno más próximo. Abordaré la comunicación como elemento indispensable a tener en cuenta para un desarrollo emocional satisfactorio.

Lo primero que debemos saber es que para comunicarnos no basta con decir lo que sentimos o lo que deseamos que sepan los demás. El mensaje transmitido referido exclusivamente al aspecto verbal, sólo lleva el 37% de la información que se desea transmitir. El 63% restante va implícito en el lenguaje corporal. Interpretar el 63% de la información restante o utilizar adecuadamente ese porcentaje para conseguir expresar exactamente lo que se desea expresar, requiere cierto manejo de habilidades sociales, no sólo para entender el mensaje, sino toda la información que va implícita en él.

Cuando nos comunicamos utilizamos un tipo de patrones previamente establecido desde la infancia, que fuimos interiorizando por diversos motivos y que veremos a continuación. Estos patrones se transforman en comportamientos adquiridos. Es decir, no son un rasgo de personalidad sino una adaptación de la conducta. Así por ejemplo, el modo de comunicarnos pone de manifiesto:

- Conductas interpersonales (aceptación de la autoridad, destrezas conversacionales, conductas cooperativas, etc.)
- Conductas relacionadas con el propio individuo (expresión de sentimientos, actitudes positivas ante uno mismo, conducta ética, etc)

- Conductas relacionadas con la tarea (trabajo independiente, seguir instrucciones, completar tareas, etc)
- La aceptación por parte de otras personas: compañeros, colegas, pares, subordinados, etc

Según cómo estén afianzados estos patrones de conducta, seremos más o menos hábiles en las relaciones interpersonales.

Las habilidades sociales según Vallés y Vallés (1996) pueden aprenderse según cuatro modelos:

- *Reforzamiento directo* (repetición de conductas que desde pequeños hemos visto que traen buenos resultados).
  Si cada vez que nuestro hijo tiene una conducta habilidosa, como por ejemplo pedir las cosas por favor, nosotros no se lo tenemos en cuenta, es posible que esa conducta con el tiempo se desvanezca.

- *Aprendizaje por observación*. Los padres somos el primer modelo de aprendizaje de nuestros hijos. De nada sirve decir a nuestro hijo cómo debe comportarse, si no tiene el ejemplo vivo en su hogar. Sobre este punto se pueden poner muchos ejemplos. Cuántas veces decimos a nuestro hijo/a: "No grites", "Haz la cama al levantarte", "Da los buenos días", "Da un beso de buenas noches", "Cuéntame como te ha ido en el colegio", "No fumes", "La fruta y la verdura son muy sanas", "Sé responsable con tus tareas", "No bebas", etc.
  Después de esto, nos deberíamos preguntar ¿Gritamos nosotros en su presencia? ¿Hablamos con ellos sobre nuestros intereses y sentimientos? ¿Bebemos alcohol delante de ellos? ¿Ven en nosotros una conducta afable y cariñosa?
  Preguntémonos: ¿Somos nosotros el ejemplo de orden, responsabilidad y buena comunicación?

- *Retroalimentación interpersonal* (repetimos aquello que sentimos hace bien en los demás y de rechazo a nosotros) Cuando un adulto valora positivamente la conducta del niño/a éste se siente bien porque considera que con su conducta contribuye al bienestar de los demás. Durante la adolescencia este tipo de sentimientos parece que desaparecen, sin embargo una vez pasada esta etapa vuelve a aflorar todo aquello que se aprendió durante la infancia.

- *Las expectativas cognitivas* (posibilidad de afrontar con éxito una determinada situación) El sentimiento de bienestar que produce tener la conciencia de que nos hemos comportado de manera exitosa, genera la intención de repetir dicho comportamiento.
Podemos afirmar que conseguir una comunicación satisfactoria es esencial para obtener dos tipos de objetivos:
  • Afectivos, consiguiendo relaciones satisfactorias con los parientes y con las demás personas, estableciendo amistades y relaciones amorosas.
  • Instrumentales, aquellas que permiten el éxito académico o profesional como por ejemplo: salir airoso de un examen oral, solicitar ayuda de un profesor, comprar, vender, la utilización de instituciones sociales y prestaciones, entrevistas de trabajo, etc.

Hay situaciones en las que la comunicación es muy complicada y la interacción con algunas personas desencadena en la mayoría de las ocasiones un conflicto. Conflictos que ocasionan generalmente con nuestra pareja o con nuestros hijos situaciones no deseadas. Este tipo de situaciones a veces crea un clima de desconfianza y de inseguridad que nos hace dudar en ocasiones de nuestra capacidad para relacionarnos y que nos induce los siguientes interrogantes:

¿Será que no me explico bien?, ¿A lo mejor es que soy muy pesado/a y siempre estoy con lo mismo? ¿Será que no sé ver las cosas? ¿A lo mejor es que no sé decir lo que quiero y no me entienden? ¿Es quizá que la otra persona no quiere entender?

EL CONFLICTO

Hay muchas definiciones que van desde lo más abstracto "estado de desarmonía" hasta lo más concreto. Hocker y Wilson (1991) lo definen como "pugna expresada al menos entre dos partes interdependientes que perciben objetivos incompatibles, recursos limitados y la interferencia de la otra parte en la obtención de sus objetivos". Es importante cómo la definición alude a una acción (expresada/expresar) ya que está demostrado que las diferencias de creencias, ideas, opiniones y costumbres, pueden o no llevar a conflicto, según cómo, dónde y cuándo las diferencias se manifiesten en la conducta.

Las definiciones de conflicto no denotan que el conflicto sea positivo o negativo, sin embargo "desarmonía" y "pugna" son negativas. Nuestras asociaciones personales con el término conflicto tienden a reflejar experiencias y a revelar supuestos negativos acerca del conflicto, como algo que se debe evitar, si no eliminar. Las asociaciones personales a menudo son también emocionales. El conflicto significa ira, odio, traición y pérdida.

Las actitudes básicas ante un conflicto son.

- Huir (Huimos cuando tenemos miedo a enfrentarnos)
- Ignorar o suprimir (Ignoramos cuando no nos interesa la resolución del conflicto, o al menos eso creemos)
- Intercambiar o pactar (Cuando el deseo es resolver)
- Dialogar (Cuando el deseo es resolver)
- Atacar/defenderse (guerra). (Cuando nos sentimos heridos y tememos no ser capaces de hacer razonar al otro para convencerle de que está equivocado)

La primera y la última, no suelen tener resultados positivos para alguna de las partes y suelen deteriorar la relación entre las personas.

Lo ideal es solucionar las cosas mediante el diálogo y si este no es efectivo, acudir a una tercera persona, no tiene por qué ser especialista, vale cualquier persona objetiva y con sentido común.

POR QUÉ NO NOS PONEMOS DE ACUERDO

Ocurre a veces, que aun teniendo la intención de comunicar de manera clara y transparente un mensaje para solucionar un conflicto, sin saber muchas veces porqué, la conversación toma otro rumbo y nos encontramos atrapados en un callejón donde decimos cosas que no queríamos decir, nos exaltamos provocando enfrentamientos que no habíamos previsto y al final, no sólo no hemos solucionado el conflicto, sino que además hemos empeorado considerablemente la situación. Esto trae consigo, en principio sentimiento de incapacidad y más tarde de culpa, sobre todo cuando se trata de resolver conflictos con los hijos. Por tanto analicemos cuáles son las causas por las que no nos ponemos de acuerdo:

Porque se ven las cosas de distinta manera

Desde luego existen muchas razones acerca de por qué la gente puede apreciar la misma situación de distinta manera y es importante tenerlas en cuenta puesto que la comprensión de tales diferencias constituye una parte importante en la resolución del conflicto:

- Disposición de ánimo: Los estados emocionales que impiden a una persona tener ciertos tipos de pensamiento. (Si estamos con cierto estado de ánimo, sólo podremos ver las cosas de determinada manera). No es lo mismo pedir a nuestro hijo/a un favor en un momento en el que ha recibido una buena noticia por la que se encuentra satisfecho de sí mismo, que hacerlo después de haber tenido una bronca con él. La percepción que tiene de nosotros, cambiará considerablemente en un estado de ánimo y en otro.

- Diferencia de universos: Un universo es un conjunto de circunstancias y reglas de acción que determinan el comportamiento de de las cosas en dicho universo. Ejemplo, una pareja en la que él viene de una familia religiosa y muy conservadora ideológicamente y ella es agnóstica y liberal (universos completamente diferentes). El flechazo y la pasión dura entre 18 meses y 3 años, una vez pasado este tiempo, la pareja sobrevive gracias al amor generado durante el proceso de adaptación a la convivencia. Sin embargo es muy posible que la falta de elementos comunes en el bagaje individual de experiencias personales que cada uno aporta a la pareja, sea motivo de conflicto a largo plazo y pasado ese tiempo, el vínculo afectivo se rompa por falta de sustentación.

- Información: Dos personas están aparentemente en la misma situación pero cada una, ante un hecho determinado, tiene diferente información. Evidentemente, no se encuentran en la misma situación. Ejemplo, una pareja va a elegir la pintura de su dormitorio. El color que le gusta a él, lo ha visto ella en la casa de una amiga y ha comprobado que hace muy pequeña la habitación. Él no tiene esa información, sólo sabe que el color que le gusta es ese y sólo ese. Es muy posible que el hecho de elegir la pintura sea motivo de conflicto.

- Parte de la figura: En una discusión ocurre a veces, que dependiendo de la parte del contexto en que se fije cada uno, ambas partes pueden tener razón, es decir ambas partes pueden ver la figura completa pero luego, cada una de ellas elige poner el acento y la importancia en un aspecto en particular. Discutimos con nuestro hijo de 15 años, sobre la hora de llegada, él intenta convencernos que las 21,30h es muy temprano. Nosotros analizamos la vestimenta de nuestro hijo, zapatillas desabrochadas, pantalón muy por debajo de la cadera y enseñando la ropa interior, camiseta ajustada, collar al cuello y pelo tapando la cara. Ya no entramos en razón. Poco nos importa los motivos que nos dé él para convencernos de que las 22h es una hora razonable. Nos obcecamos con su imagen y entramos directamente al trapo provocando una discusión de la que nos resulta muy complicado salir.

Porque se quieren cosas diferentes

Cuando las voluntades son contradictorias, hay que ser muy hábil y persuasivo para conseguir llevar el ascua a tu sardina. A veces, es mejor ceder. Cedemos para evitar conflicto. Ceder es bueno siempre y cuando se hace "sin pasar factura". No vale de nada sacrificarnos por nuestros hijos o pareja si cuando surge una situación similar vamos a "echar en cara" lo que hicimos nosotros en otra ocasión.

Hay veces, como hemos visto anteriormente que las personas entran en conflicto porque ven las cosas de distinta manera. Otras veces lo que ocurre es que se quieren cosas diferentes; otras veces ocurren ambas cosas a la vez. Cuando las elecciones de uno entran en pugna con las elecciones del otro, hay conflicto.

Proyectar la salida de un conflicto es mucho más difícil que proyectar cualquier cosa que responda a una ley física o matemática. No sabemos lo suficiente sobre el comportamiento humano como para predecir cómo funcionarán las personas ante un proyecto de resolución de un conflicto.

Ejemplo, una pareja va a cenar a casa de un amigo. Cada uno quiere ir por un camino distinto. El hecho de que se elija uno u otro camino es motivo de conflicto. Cada uno intenta convencer al otro de que su actitud no es la adecuada y a partir de ahí sobreviene una discusión violenta. La tragedia es que una vez que existe un desacuerdo completo, ya no importa lo trivial de la cuestión.

Hay ocasiones en las que nos vemos obligados a tratar con personas de trato hostil, personas difíciles de evitar y que por diversas razones tenemos que convivir con ellas. Son personas con problemas de comunicación que se comportan de forma "pasivo–agresiva" menosprecian a los demás y son soberbios, hostiles y sarcásticos. Personas críticas, sentenciosas y discutidoras. Prepotentes que te ponen en un aprieto y te exigen demasiado, generalmente se quejan de todo, son aburridas y superficiales, pero que necesitan ayuda. Suelen carecer de capacidad asertiva, están molestos y no saben cómo expresar sus sentimientos de modo efectivo. Hay que desarmarles, empatizar con ellos y utilizar la técnica de la indagación (con mucha mano izquierda, que no parezca intrusismo en su vida privada).

Supongamos que no sirve, que aunque hayamos empatizado, no conseguimos una comunicación efectiva. Lo mejor es la estrategia antiboicot: concordar lacónicamente, en que efectivamente este no es el mejor momento para hablar, recalcar que según nuestro criterio conviene hablar del tema, pero es mejor dejarlo para más adelante, cuando ambos tengamos más ganas de hacerlo.

El boicoteador intenta ponernos tensos y que adoptemos un postura combativa. Si optamos por no discutir, nuestra postura le saca de su cerrazón y le hará centrar su atención en su conducta irracional.

Algunas reglas para la estrategia antiboicot:

- No debemos decir "Vale, entonces yo tampoco deseo hablar contigo" así contribuimos al rechazo.
- No culparnos por las reacciones altivas e infantiles del otro. Quien se niega a hablar es él, no nosotros.
- No adoptar un tono sentencioso. Aunque el otro actúe de forma hostil, o inmadura debemos perseguir dos objetivos: empatía y postergación de la discusión.
- No debemos dar pie a sentirnos frustrados insistiendo hablar en ese preciso instante. Estaremos haciendo justamente lo que

el otro desea. Debemos permanecer inalterables, evitando caer en su trampa.

- Empatizar con sus motivos para no estar dispuesto a hablar del tema. Es posible que él piense que nos sentiremos especialmente críticos y sentenciosos.

- Preguntar por los motivos de su silencio de forma sutil, no crítica. Es posible que se sienta avergonzado por algo que hizo y se cierra en banda porque es incorrecto expresar los sentimientos de rabia.

- Posponer la discusión si todavía se siente reticente a hablar. Posterguemos y concedámosle el permiso para retirarse temporalmente. Si más adelante sigue poniéndose trabas, limitémonos a empatizar y a posponerlo de nuevo.

Lo que está claro es que ser o no hábil socialmente, depende exclusivamente de nosotros, en nuestra mano está decidir si deseamos ponernos o no en marcha.

"Cuando decidimos ser agradables y positivos con los demás, también decidimos, en la mayoría de los casos, cómo vamos a ser tratados por los demás".

Sin embargo, en muchas ocasiones nos sentimos limitados a la hora de expresar sinceramente lo que deseamos. Otras veces nos resulta difícil interpretar qué siente la otra persona. Ambas cosas nos impiden expresar nuestros sentimientos haciendo muy difícil la comunicación. Veamos qué diez actitudes nos crean dificultades a la hora de comunicarnos:

- Fobia a los conflictos. Personas que sienten un rechazo exacerbado a las discusiones. Sólo pensar que puede haber conflicto, les crea una tensión que les impide, ver con objetividad la realidad de la situación. Emplean la técnica del avestruz.

- Perfeccionismo emocional. No se expresan por miedo a perder el control. Piensan que expresar sus sentimientos es sinónimo de debilidad.
- Miedo a la desaprobación y el rechazo. Miedo producido a sentirse rechazado. Prefiere que abusen de su confianza antes que expresarse como realmente quiere. Personas incapaces de decir lo que sienten, piensan que lo que digan les va a dejar en mal lugar, no tiene confianza en sí mismos.
- Agresividad pasiva. Personas que optan por ignorar al otro, pueden pasar los días siendo su silencio persistente, intentando así desequilibrar al otro. Se suele castigar con silencio para hacerles sentirse culpables, en lugar de compartir con ellos sus sentimientos.
- Desesperanza. Sentimos que el modo de relacionarnos, no va a cambiar hagamos lo que hagamos y decidimos tirar la toalla.
- Autoestima baja. Pensamos que no tenemos derecho a expresar nuestros sentimientos.
- Espontaneidad. Creemos que tenemos derecho a expresar exactamente lo que pensamos y sentimos cuando estamos preocupados. Pero posiblemente pensamos que cualquier cambio de estilo relacional va a sonar falso y ridículo, optando por callarnos.
- Presagio. Pensamos que las personan deben conocer de antemano lo que sentimos y decidimos no hacerlo directamente. *"Si ya sé lo que me va a decir, siempre pasa lo mismo…"*
- Martirio. Tememos admitir nuestro enojo, pues pensamos que ello puede beneficiar a terceras personas. *"Voy a intentar que no se me note que me ha hecho daño, pues si no los demás van a pensar que soy débil y luego se aprovechan de mí"*
- Necesidad de resolver problemas. Intentamos resolver dándole vueltas a los problemas antes que compartirlos con otras personas. A veces creemos que pensando mucho sobre lo mismo vamos a descubrir algo nuevo y lo único que hacemos es martirizarnos a nosotros mismos, pues en vez de hacer un

diálogo constructivo con nosotros mismos lo único que hacemos es enredar más la madeja.

Por otro lado sabemos que el ser humano necesita comunicarse fundamentalmente por dos motivos:

- Porque objetivamente el hombre tiene por su naturaleza, la función de relación como una de sus funciones vitales. La comunicación por tanto es una necesidad imprescindible en todos los aspectos de la vida del ser humano.
- Porque desde el punto de vista subjetivo la comunicación es un hecho instintivo que los seres humanos realizan para compartir experiencias buenas o malas. Queremos que los demás experimenten aquello que nos parece agradable o nocivo.

Así que no queda más remedio que aprender habilidades sociales que nos permitan favorecer la comunicación y así satisfacer una de las necesidades básicas del ser humano: COMUNICARSE DE MANERA EFICAZ

ELEMENTOS DE LA COMUNICACIÓN

Los elementos de la comunicación son cuatro: Emisor, Canal, Receptor y Mensaje. A veces se incluye la retroalimentación como quinto elemento ya que ésta puede modificar la conducta del emisor y por ende variar el contenido del mensaje.

El emisor es la fuente de donde surge la idea, es donde se define el objetivo y se elabora el mensaje, es también el que determina la estrategia a seguir.

El receptor es el elemento descodificador, al recibir el mensaje puede actuar y emitir una respuesta.

El mensaje es el contenido.

El canal es la vía de transmisión del mensaje.

La retroalimentación (Información de la acción provocada), aunque no es un elemento de la comunicación, se puede incluir como un aspecto de gran importancia que puede modificar la conducta del emisor.

El siguiente esquema facilita la comprensión

EL PROCESO DE LA COMUNICACIÓN

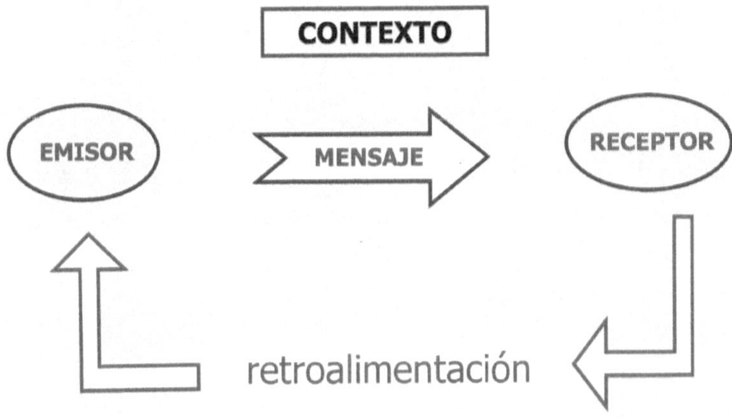

La comunicación humana, es importante porque es un instrumento de influencia y persuasión. En el proceso de la comunicación, el emisor debe interactuar con el receptor de manera intencionada para transmitirle una idea o un propósito. En este proceso han de manejarse muy bien todos los elementos si nuestro objetivo es que sea una comunicación exitosa. Se entiende por exitosa aquella en la que el receptor, atiende, comprende, valora, acepta y si es necesario, actúa.

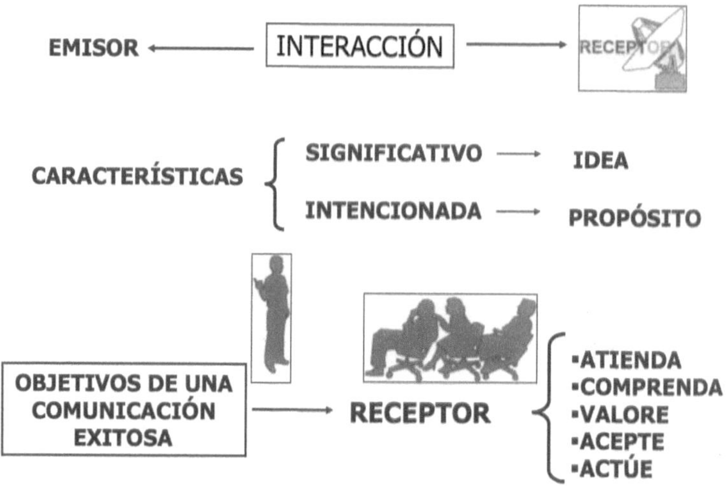

Teniendo en cuenta la intencionalidad del emisor, la comunicación puede estar motivada por diversas causas:

- Satisfacer necesidades personales
- Establecer relaciones
- Crear un clima de comprensión
- Persuadir
- Lograr cambios de actitud o
- Entretener.

La comunicación será totalmente diferente en función de lo que deseemos conseguir. No obstante en el proceso de la comunicación es imprescindible saber que, como dijimos anteriormente, el mensaje sólo transmite aproximadamente el 37% de la información. El resto está a cargo de componentes no verbales, por ello se hace necesario conocer los componentes verbales y no verbales de la comunicación.

COMPONENTES DE LA COMUNICACIÓN
Componentes no verbales

– *La mirada.* Se define objetivamente en el leguaje de la comunicación como "el mirar a otra persona a los ojos, o de forma más general, a la mitad superior de la cara" permitiendo transmitir:

- Actitudes. La gente que mira más, es vista como más agradable, pero si se mantiene de forma extrema la mirada, puede ser visto como hostil y/o dominante.
- La expresión de las emociones. Con la manera de mirar transmitimos a la otra persona cómo nos sentimos.
- Acompañamiento del habla. La mirada refuerza el mensaje que deseamos transmitir.

– *expresión facial.* Hay seis emociones principales (alegría, sorpresa, tristeza, miedo, ira y asco o desprecio) y tres áreas de la cara responsables de su expresión (frente/cejas, ojos/párpados y la parte inferior de la cara). Una expresión habilidosa requiere una expresión facial que esté de acuerdo con el mensaje

– *La sonrisa.* Es un componente sumamente importante, puede utilizarse como sonrisa defensiva, como gesto de pacificación, para demostrar una situación amigable, o para suavizar un rechazo.

– *Los gestos.* Cualquier acción que envía un estímulo visual al observador. Para que sea gesto, tiene que ser observado por otro y transmitir información. Constituyen un segundo canal de comunicación y enfatizan al habla añadiendo franqueza y calor.

– *El cuerpo.* La forma en como una persona posiciona su cuerpo y sus miembros refleja sus actitudes y sentimientos sobre sí misma y su relación con otros. Los significados y funciones de la postura son múltiples:

- Acercamiento
- Retirada
- Expansión
- Contracción

- Orientación (cuando más cara a cara es la orientación más íntima es la relación),
- Distancia/contacto físico, el grado de proximidad expresa claramente la naturaleza de cualquier interacción.

- *Las manos* abiertas, hacia arriba, cerradas, escondidas, etc.
- *La apariencia personal.* El desarrollo tecnológico, permite modificar mucho el aspecto de la persona. La ropa y adornos desempeñan un papel muy importante en la impresión que los demás se forman de un individuo. El estilo del pelo es uno de los aspectos que más influye en la apariencia personal.
- *La voz:*
- El volumen de la voz. El volumen alto puede indicar seguridad y dominio. Demasiado alto indicaría agresividad.
- La entonación comunica sentimientos y emociones. Unas palabras pueden expresar esperanza, afecto, sarcasmo, ira, excitación, desinterés, dependiendo se la entonación.
- La fluidez. Las perturbaciones excesivas del habla pueden causar inseguridad, incompetencia, poco interés o ansiedad. Demasiados períodos de silencio pueden interpretarse negativamente.
- La claridad y la velocidad deben tenerse en cuenta para no aburrir o no ser entendido por el oyente.
- El tiempo del habla. Han de tenerse en cuenta los dos extremos, tanto en exceso como en su defecto.

Componentes verbales

El contenido es el elemento verbal por excelencia, elemento que hay que tener en cuenta para decir exactamente lo que deseamos, ni más ni menos. Debemos mantenernos siempre alerta para cuidar el uso de ese elemento ya que a veces se sale de nuestro alcance con consecuencias desastrosas.

El contenido puede ser íntimo o personal y puede servir para comunicar ideas, describir sentimientos razonar y argumentar.

Las habilidades sociales son imprescindibles para transmitir el contenido. Si sabemos manejarlas podemos, no sólo influir en la gente, sino saber interpretar también, cómo responde cada persona según los distintos contextos.

Aprender habilidades sociales requiere mucho tiempo y dedicación pero hay una serie de principios básicos que conviene saber aplicar, y es que, en la interacción entre personas, hay una ley psicológica que hace que <u>los seres humanos reaccionen y respondan en forma igual a la actitud y a la forma en que obre el otro individuo.</u>

Reglas para conseguir que el receptor modifique su conducta

a) Hay una especie de código de pequeños actos que producen grandes efectos:

- Sonreír todas las veces que nos sea posible, incluso a personas desconocidas.
- Tener gestos de cariño para las personas que nos rodean. Mirarlas frecuentemente a los ojos.
- Preocuparse desinteresadamente por aquellos con los que se trabaja. Prestarles atención sincera cuando hablan. Dedicarles algún minuto más. Si una persona tiene un problema, el hecho de prestarle atención puede implicar para ella, mucho más de lo que podemos suponer.

En nuestro código de habilidades debemos incluir el aprecio como la cualidad básica de entendimiento.

"El psicólogo William James estaba escribiendo una obra y enfermó. Tuvo que ser internado y un amigo le envió una planta con una nota de aprecio. James dijo que había olvidado algo en su obra. Dijo: La más profunda cualidad de la naturaleza humana es <u>la necesidad de aprecio</u>"

Hasta aquí parece que queda claro que saber comunicar es un arte y una de las habilidades que conducen al éxito, para que ello sea posible es imprescindible el manejo de los componentes verbales y no verbales claves de una comunicación efectiva. Sin embargo hay un detalle que no debemos olvidar y que es posible no nos hayamos parado a pensar nunca.

b) La comunicación con nosotros mismos ¿Nos comunicamos con nosotros mismos? ¿Cómo lo hacemos?

La comunicación con nosotros mismos determina nuestra vida mental, y por lo tanto el curso de nuestras acciones. Según cómo nos comuniquemos con nosotros mismos así será la comunicación con los otros.

Por ejemplo: nuestras dificultades aparecen menos desagradables o más soportables cuando las expresamos y vemos que pueden ser modificadas.

Es importante saber cómo hablamos con nosotros mismos. El diálogo interno tiene que tener un propósito, debe ser un trabajo consciente que sirva para desenmascarar percepciones o experiencias que hacen difícil el entendimiento. A veces manifestamos agresividad contra una persona, sin que ésta tenga nada que ver con la emoción que estamos sintiendo. El hecho de pensar sobre nuestro estado emocional, nos pone en guardia y nos debería obligar a tomar medidas para actuar de manera coherente, evitando filtrar sentimientos no procesados; esta manera de proceder evita muchos conflictos. Otras veces, el diálogo interno, no es inteligente emocionalmente y lo que hace es entorpecer más la comunicación con el exterior.

Ejemplo de diálogo interno facilitador:

"Me siento iracundo/a, no me ha sentado bien el comentario que ha hecho mi jefe sobre mi modo de trabajar, creo que no tiene la información necesaria y ha emitido un juicio inoportuno, trataré en la medida de lo posible deshacer el entuerto y darle la información que le falta para que sea más objetivo, espero no trasladar mi enojo y contaminar la relación con mi

hijo/a cuando llegue a casa. Pondré música agradable en el coche, pensaré lo saludable que es llegar a casa y cenar con los míos e intentaré quitarme de la cabeza lo ocurrido".

Cuando no tenemos conciencia que podemos estar presos de emociones, no se produce diálogo interno. En esta otra situación, si no ha habido una reflexión personal eficaz sobre lo ocurrido, el personaje del ejemplo, se irá calentando poco a poco en el coche de camino a casa y al llegar, cualquier motivo por pequeño que sea (encontrarse las mochilas de sus hijos en el salón), puede ser suficiente para que monte en cólera y se genere un conflicto de convivencia familiar. Además los sentimientos no expresados se filtran en la conversación y aunque no de manera explícita, sí pueden matizar la conversación de varias maneras:

- Cambian la intención y el tono de la voz.
- Se expresan mediante el lenguaje corporal o la expresión facial.
- Pueden tomar la forma de largas pausas o de un extraño e inexplicable desprendimiento.
- Uno puede ponerse sarcástico, agresivo, impaciente, impredecible o a la defensiva.

c) La manifestación de las emociones.

La manifestación de las emociones y los sentimientos como hemos visto depende de la expresión. En algunas ocasiones, cuando tenemos emociones guardadas que no expresamos de manera adecuada en su momento, pueden estallar en la conversación provocando un conflicto. En este caso, no es que no seamos capaces de expresar sentimientos, sino que somos incapaces de no hacerlo y más tarde nos arrepentiremos de haber dicho algo que, de haberlo pensado antes, no habríamos dicho.

Hay que tener presente también que el hecho de no expresar sentimientos importantes puede hacer que disminuya nuestra autoestima. Poco a poco nos llegamos a convencer de nuestra incapacidad para defender nuestra propia posición o nuestro criterio.

d)   Teoría de la Banca Emocional

Quizá poner en marcha todo un código de comunicación puede resultar complicado y es necesario un período de entrenamiento. Pero lo que sí puede aplicarse para prevenir desequilibrios emocionales, fracaso escolar, absentismo laboral, crisis de pareja etc. es poner en práctica la teoría de la LA CUENTA BANCARIA EMOCIONAL: Todos sabemos lo que es una cuenta bancaria, en ella hacemos depósitos, para constituir la reserva que nos hará posible retirar fondos cuando lo creamos oportuno. "la cuenta bancaria emocional es una metáfora de la confianza incorporada en una relación". Cuando la cuenta de confianza es alta, la comunicación es fácil, instantánea y efectiva. Si nos mostramos descorteses e irrespetuosos nuestra cuenta corriente quedará al descubierto.

Ocurre así en el matrimonio, por ejemplo. Si una gran reserva de confianza no se sostiene mediante depósitos constantes, el matrimonio se deteriora. La situación se vuelve acomodaticia, en la que dos personas tienden a vivir estilos diferentes, de manera respetuosa y tolerante. La relación puede deteriorarse más y más, volverse hostil y defensiva. La respuesta de "lucha o fuga" da origen a batallas verbales, mutismo, repliegue emocional y autocompasión. Puede terminar en una guerra fría en un hogar sólo sostenido por los hijos, el sexo, la presión social o la protección de la imagen. O bien concluir en una guerra abierta en los tribunales. Y esto ocurre en la relación más íntima, de mayor riqueza potencial, más gozosa, satisfactoria, y productiva de todas las relaciones posibles en este mundo.

La solución está en realizar depósitos más constantes.

Pongamos un ejemplo referido a la teoría de la cuenta bancaria emocional con un hijo adolescente. ¿Cuántos depósitos y retiros realizamos diariamente?

Las conversaciones con él habitualmente son:

¿Has recogido tu cuarto?, ¿dónde vas con esa pinta? Ese amigo con el que vas, no me gusta nada, baja la música, ¿ya has terminado de estudiar?, ¿te has peinado?, no me gusta que llegues a esas horas, no me fío de los sitios a los que vas, no bebas alcohol… etc.

Pero… ¿Cuándo les acariciamos, besamos o compartimos con ellos situaciones que les hacen sentirse queridos?

¿Qué ocurre?, que al cabo del tiempo los retiros superan en mucho a los ingresos, nuestros hijos pierden la confianza en nosotros y se tornan hostiles.

Seis depósitos principales para prevenir con Inteligencia Emocional:

- Comprender al individuo. Es la clave de los otros depósitos
- Prestar atención a las pequeñas cosas. Las pequeñas asperezas, pequeñas faltas de respeto, suponen retiros importantes. Así los pequeños detalles y demostraciones de amor ayudan a recuperar una cuenta en números rojos.
- Mantener los compromisos. Mantener una promesa es un depósito de suma importancia; romperlos representa un importante retiro.
- Aclarar las expectativas. Las expectativas poco claras en el área de las metas también socavan la comunicación y la confianza. Las expectativas poco claras provocarán incomprensiones, decepciones y retiros de confianza. Al empezar una tarea, las expectativas deben estar claras y sobre la mesa. Las personas las empezarán para empezar a juzgarse recíprocamente. Así al violarlas, la reserva de confianza disminuirá. Muchas veces creamos situaciones conflictivas al dar por sentado que nuestras expectativas son evidentes por sí mismas, y que los otros las comprenden y comparten claramente. Comenzar

con expectativas claras y explícitas desde el principio, supone un ahorro grande de tiempo y de energía.

- § Demostrar integridad personal. La integridad incluye la veracidad, pero va más allá de ella, consiste en decir la verdad, en adecuar nuestras palabras a la realidad. Consiste en ser leales y sobretodo con los ausentes, lo cual retiene la confianza en los presentes.

- § Disculparse sinceramente cuando se realiza un retiro. Se necesita mucha fuerza de carácter para disculparse con rapidez, de todo corazón y no de mala gana cuando hacemos un retiro. Para disculparse auténticamente es necesario ser dueño de uno mismo y tener una seguridad profunda respecto de los principios y valores fundamentales. Las personas con poca seguridad interior no pueden disculparse, porque ello las lleva a sentirse blandas y débiles temiendo que otros se aprovechen de su debilidad.

CONCLUSIÓN

Como hemos visto a lo largo del capítulo, la clave para prevenir situaciones estresantes y conseguir una vida deseable, está en el modo en que nos comunicamos. Si de antemano somos capaces de ver de lejos cuando una situación puede desencadenar una tormenta de reproches o crear un conflicto que no parecía tener cabida en ese momento, debemos pararnos y analizar el momento. Exigirnos la responsabilidad de manejar con habilidad tal situación para conducirla hacia donde deseemos. Sólo cuando comprobemos que somos capaces de controlarla, comprobaremos cuánto se gana con poco esfuerzo.

CAPÍTULO 6
Educar con Inteligencia Emocional

"Antes de iniciar la labor de cambiar el mundo,
da tres vueltas por tu propia casa".
(Proverbio chino)

Lo que os voy a contar estoy segura que lo habéis oído muchas veces. No es nada nuevo. Lo que ocurre, como hemos visto en el primer capítulo, es que ha cambiado el contexto. La realidad en la que se mueven nuestros hijos ha cambiado y no es eso lo malo, lo peor es que sigue cambiando de un modo vertiginoso.

Supongo, y ese es el motivo de este libro que, los padres que lo lean pertenecen a ese grupo de padres que están en la duda permanente de si lo están haciendo bien o por el contrario se equivocan, esta duda les hace sufrir pues piensan que las consecuencias del tipo de educación son determinantes para la felicidad de sus hijos.

Pues bien, como primera medida os tranquilizaré. Sólo el hecho de leer este libro indica vuestra inseguridad, primer dato importante para sentir la necesidad de información. Al informaros, tenéis la posibilidad de contrastar si lo que hacéis va en la línea de lo correcto. Además, sólo vuestra intención de mejora ya os pone en el camino de los que lo hacen bien.

Sin embargo, sí tengo que deciros que debemos ser conscientes de que el cambio está ahí y que debemos aprender a adaptarnos, para ello debemos empezar por cambiar el discurso. Ya no vale decir:

- *Cuando mi padre me decía cállate, a mí ni se me ocurría contestarle. Hoy siempre es mi hijo el que queda encima, yo ya me callo porque me pone de los nervios.*
- *Cuándo un profesor me llamaba la atención, a mí ni se me ocurría decírselo a mi padre, pues sabía que siempre le iba a dar la razón al profesor.*
- *En la vida se me ocurrió contestar mal a mis padres, una mirada me ponía firme. Ahora mi hijo me dice unas cosas en público de las que me avergüenzo de tal modo que preferiría desaparecer.*

Está claro que no podemos estar todo el día diciéndonos a nosotros mismos, que no podemos más y que esta situación es insoportable. Tenemos que pararnos en seco y dejar de echar la vista atrás. Admitir que el modo en que nos educaban nuestros padres ya no vale, hay que cambiar de idea.

Algunos os preguntaréis pero ¿por qué no vale? Pues muy sencillo porque nosotros no somos los mismos que nuestros padres, ni nuestros hijos son los mismos que los de nuestros padres, ni las circunstancias que albergaban a las familias de antes son las mismas circunstancias de las de ahora, y por que ha cambiado todo, absolutamente todo.

La desaparición de la familia tradicional que servía para ahormar muchas conductas, ahora nos priva de un espacio donde transmitir valores y ventilar muchos conflictos. Ahora no hay tiempo, ambos cónyuges trabajan, llegan tarde a casa con necesidad de descanso y ¿qué se encuentran? Pues que deben atender a sus hijos, y continuar con las tareas del hogar.

En general la mujer es la que soporta más carga pues aunque las cosas van cambiando, queda mucho camino por recorrer para que llegue el momento en el que el esposo de "motu propio" tome la iniciativa en las tareas del hogar y decida, sin contar con su mujer ponerse "manos a la obra". Aunque, esto no es normalmente así. Es la mujer la que asume más responsabilidad en este terreno y esa situación de injusticia es, en gran parte, la que genera los conflictos en la pareja. Como estamos en un momento en el que una imagen vale más que mil palabras, estamos empezando a perder la capacidad de dialogar y en vez de intentar defender nuestro criterio de manera persuasiva y civilizada, olvidamos nuestras mejores formas, la emprendemos a gritos y de mala manera con nuestra pareja, sin tener en cuenta si nuestros hijos están presentes o no.

Otras veces abandonamos nuestras tareas a sabiendas esperando que sea el otro el que tome la iniciativa pero difícilmente lo conseguimos, sin saber además que el incumplimiento de esas tareas genera un coste emocional muy alto.

Los gobiernos se suceden y con ellos reformas educativas, proyectos de ley, etc. que pretenden mejorar el sistema educativo pero que parece ser, no son capaces de mejorar la situación.

La escuela sometida como está a continuos vaivenes legislativos, permisividad académica en cuanto a la exigencia de niveles educativos, insuficiencia de medios, falta de disciplina, desmotivación del profesorado, falta de colaboración familiar y absentismo escolar.

AL FINAL EL NIÑO ESTÁ SOLO

Este tipo de niños, de un nivel sociocultural y económico medio, buscan «poder hacer lo que quieren» y «ser las personas que controlan, a través del chantaje moral, la convivencia dentro de casa».

Puesto que la familia no tiene tiempo o capacidad para educar, este tipo de manifestaciones caprichosas que empiezan con una simple petición por parte del niño, acaba con una conducta de exigencia, que suelen terminar cuando los padres se dan por vencidos permitiendo a su hijo que se "salga con la suya".

Y así nos encontramos con lo que hoy se denomina **"Síndrome de emperador"**

¿Qué características definen a este tipo de niños?

Se trata de niños que se han acostumbrado a conseguir lo quieren. Sin normas ni límites. Egocéntricos, exigentes y controladores, que no han desarrollado las emociones morales, como el sacrificio, la compasión, la empatía o la piedad, y por tanto, no tienen sentimiento de culpa. Hoy se les define con "Síndrome de Emperador"

El sentimiento de culpa o la conciencia de culpabilidad exigen un compromiso moral, y nos hemos olvidado que este compromiso es una parte necesaria del desarrollo del ser humano.

¿Cuántas veces hacemos que nuestros hijos se sientan culpables por su mala conducta? No, no me refiero a decirles que lo que han hecho está mal, que deben cambiar de actitud pues si no les vamos a castigar. No, no me refiero a nuestra permanente cantinela. Me refiero a hacerles pasar un mal rato, a mostrar de tal modo nuestro desacuerdo con lo que han hecho, que no olviden que lo que han hecho no está bien.

Compruebo muy a menudo, cómo los padres sufren cuando sus hijos han hecho algo indebido y son terceras personas las que les regañan. ¿No es cierto que somos nosotros los que nos sentimos mal cuando percibimos que nuestros hijos están pasando un mal rato aunque sea merecido?

Si a los primeros años de vida familiar le sumamos una vida escolar caracterizada (entre otras cosas) por unos profesores «sin autoridad», y una sociedad «más permisiva» que valida la perspectiva profundamente egocéntrica que tienen estos niños, nos encontramos con el hombre que define hoy la sociedad en la que vivimos: un hombre hedonista, consumista, permisivo y relativista.

No nos damos cuenta del error que cometemos permitiendo a nuestros hijos ese tipo de comportamientos.

Pero no olvidemos que el problema arranca desde el núcleo primario: La familia. Es en su seno donde el niño aprende qué habilidades debe desarrollar para conseguir lo que desea.

¿QUÉ HACER?

En primer lugar, asumir que es necesario un cambio y una vez asumido, desear que ese cambio se produzca, pero para que se haga realidad, es necesaria la coherencia entre el modo de pensar y el estilo de vida que se desea.

Hay que cambiar el estilo de pensamiento, tener claridad de ideas, una mente despejada, capaz de fijar objetivos y conocerse uno a sí mismo, para saber lo que se debe eliminar y lo que sería bueno añadir para alcanzar cimas personales y retos concretos.

A modo de reflexión expondré aquellas conductas avaladas por expertos que deben aprenderse en casa. Hagamos un esfuerzo en reconocer cómo inculcamos en nuestros hijos:

Conductas de cortesía y amabilidad

Este tipo de conductas englobarían el saludo, las presentaciones, despedidas, etc.

Saludar es una conducta verbal que incluye componentes no verbales como mirar a la cara, sonreír, dar la mano, besar, abrazar, etc, que refuerzan o amplían el contenido del mensaje que dirigimos a la otra persona. El saludo es el primer paso antes de iniciar una conversación y se caracteriza por la actitud positiva y de reconocimiento hacia la persona a la que se dirige.

Estas conductas se caracterizan por su contenido verbal amigable que cataliza positivamente una situación y produce bienestar.

Ser positivo y recompensante

Cuando una persona tiene un comportamiento que resulta beneficioso tanto para ella como para los demás, es necesario, para que ese comportamiento se repita, que se le recompense; de esa forma la conducta será reafirmada a través del refuerzo positivo.

Siendo positivos y recompensantes con las personas del entorno se consigue que la gente se sienta mejor, elevar su autoestima y favorecer su disposición al cambio.

Costa Cabanillas y López Méndez (1991), justifican la importancia en el desarrollo de esta habilidad concluyendo en los siguientes puntos:

- Porque te conviertes en una persona significativa y digna de confianza.
- Porque aumentas tu capacidad para influir en el cambio y reducir las resistencias al mismo.
- Porque, al ser una persona recompensante, te conviertes en un modelo atractivo cuyos comportamientos serán atentamente observados y probablemente imitados.
- Porque suscitas sentido de autoeficacia y autocontrol.
- Porque elevas la autoestima.
- Porque das información útil de su eficacia personal.
- Porque pones de relieve sus puntos fuertes.
- Porque reduces, en las personas a las que motivas, el sentido de desmoralización e indefensión.
- Porque subrayas los comportamientos que están en la dirección deseada.

Aprender a conversar (iniciar, mantener, y terminar una conversación

La vida de nuestros hijos transcurre bajo los efectos de un denominador común: el mundo de la imagen. A menudo se escucha que "una imagen vale más que mil palabras"; y es cierto; sin embargo, se está llevando a tal extremo que se están olvidando las palabras y cada vez resulta más difícil construir frases que sirvan para comunicar deseos, emociones o simplemente para expresar sentimientos.

Cuando un niño de tres años, por ejemplo, intenta pedirnos algo, en muchas ocasiones y equivocadamente, intentamos ahorrarle esfuerzo y antes de que nos lo exprese, le estamos ofreciendo una serie de alternativas, a ver si coincide alguna con su demanda, en vez de esperar, permitiendo que el niño haga el esfuerzo por hacerse entender. A veces el niño llora, y nosotros en vez de aprovechar para observar como resuelve él solito la situación, le preguntamos:

– ¿Qué quieres? ¿Quieres agua? ¿Quieres comer? ¿Te duele algo?.......

 Y al final solemos terminar con:

– ¡Este niño tiene un sueño que se muere!

A medida que crece las conversaciones van tomando otro cariz, pero ni mucho menos más importantes. Los primeros años son definitivos. Sin embargo les debemos enseñar a diferenciar distintos tipos de protocolos según las personas y las necesidades.

Enseñarles a conversar teniendo en cuenta el grado de intimidad con su interlocutor, el propósito de la conversación (no es lo mismo dirigirse al director del centro para pedir un permiso, que telefonear a una amiga para salir), la situación, el momento, etc.

Cada vez hay menos personas capaces de mantener una conversación amigable, capaces de establecer y mantener el contacto visual adecuado, que sonrían y que su voz y su cara expresen afecto.

El desarrollo de todas estas habilidades se deberían incluir en los planes de educación, para asegurar de ese modo el seguimiento de las mismas, ya que cada vez son más valoradas en el mundo profesional. Sin embargo, como eso no está en nuestra mano, hasta entonces, no debemos perder más tiempo.

Hacer preguntas

Es un recurso a la hora de conversar. Saber hacer preguntas da muchas posibilidades no sólo a la hora de adquirir información, sino como medio para mantener la conversación y demostrar interés por el interlocutor.

El modo con que preguntemos a nuestros hijos nos va a permitir obtener la respuesta deseada.

Emitir información personal. Autorrevelaciones

Consiste en dar información personal de forma intencionada. Contar cosas sobre gustos, aficiones, sentimientos, emociones, etc.

ZicK Rubin escribe en (Shapiro, 1997) "Un criterio particularmente importante de la amistad a cualquier edad de la niñez es compartir información personal, hechos o sentimientos privados que otras personas no conocen». En este aspecto los jóvenes son extremistas; tienen amigos íntimos a los que les cuentan todo y con los que socialmente se desenvuelven bien; sin embargo, fuera de ellos no siguen pautas intermedias para la relación. No son capaces de hablar con un adulto de algo que consideren personal sin que sufra deterioro su ego por la pérdida de intimidad. A veces, cuando el interlocutor es hábil socialmente, consigue llevarse de manera sutil a su terreno a su receptor, implicándose ambos en la conversación y sacando provecho recíproco de la misma.

Es curioso cómo muchos padres quejosos me comentan: *"De verdad que intento hablar con mi hijo/a pero siempre me responde con monosílabos, parece que no tiene interés en contarme nada!"* . Yo siempre les digo lo mismo: *"Pero, ¿Has hablado alguna vez tú con tu hijo/a de tus intenciones, tus errores, tus deseos, tus preferencias, tus frustraciones, tus sueños?".*

Y es que ocurre una cosa muy clara. Cuando son pequeños (de 3 a 12 años) nos referimos a ellos con preguntas del tipo: "¿Qué tal hoy en el cole hijo/a?", "¿Has comido todo?", "¿Te han sacado a decir la lección?" "¿Qué tal fulanito/a, ha jugado contigo en el recreo?", etc.

Luego las preguntas empiezan a referirse a los amigos/as y hasta los 12 o 13 años puede que obtengamos respuesta. Sin embargo, no nos estamos dando cuenta que durante toda su infancia intentamos entrar en la intimidad de nuestro/a hijo/a y a cierta edad ya no nos lo permiten, sobre todo cuando no ha recibido nunca nada a cambio.

Sin embargo si ellos ven que nosotros les hemos hecho de forma gradual, partícipes de nuestra vida, es mucho más fácil que cuando sean más mayores disfruten compartiendo con nosotros la suya. Es una manera de enseñarles a sentirse adultos.

Hacer amigos

Aunque la familia es la fuente de apoyo emocional en los primeros años, "entre grupos de niños, hacer amigos, se trata de una recompensa que se gana" (Shapiro, 1997: 179). Esta es una habilidad que debe desarrollarse desde muy temprana edad, fundamentalmente en los primeros años de escolaridad, y de ella dependen los hábitos en la relación con los demás que tendrá el niño en un futuro. Monjas (1993) las denomina habilidades de interacción social y habilidades para hacer amigos.

¿Se podría afirmar que nuestros hijos son capaces de saludar empleando formas verbales adecuadas? ¿Y de presentarse a los demás o presentar a otras personas o emplear formas amables y de cortesía?

Debemos hablar mucho con nuestros hijos, tener encuentros permanentes con sus profesores y así conocer cómo y con quién se relacionan en el colegio. Charlar con ellos sobre temas que sean de su interés para conocer la opinión que tienen sobre las cosas y desde ahí aprovechar para enseñarles a tomar decisiones sobre la forma de manejar las emociones y sobre las experiencias negativas que pueden emerger con la amistad. Enseñarles a ceder y a sacrificarse por los demás, a pensar que intentar querer llevar siempre la razón, les hace intolerantes. Explicarles que continuar, renunciar o buscar una nueva amistad depende de ellos/ellas y puesto que tener amigos constituye uno de los ingredientes claves para desarrollar relaciones satisfactorias, debemos prepararles para poder obtener los beneficios psicológicos que las amistades parece que producen

Aceptar críticas

Aceptar de buena gana una crítica, ya que permite modificar aquellos aspectos susceptibles de cambio. Es un aspecto muy importante de la convivencia, puesto que se dan muchas ocasiones en el seno familiar para enseñar este aspecto y pocas veces nos damos cuenta de ello.

Cuántas veces haciendo deporte con nuestro/a hijo/a, observamos que no le salen bien las cosas porque está haciendo mal algo y al explicarle cual es el problema, no admite que lo hace mal. Otras veces después de una discusión con algún amigo/a le intentamos hacer ver que él ha cometido un error hablándole de ese modo a su amigo/a y nuestro/a hijo/a en vez de agradecer nuestro comentario, no sólo no lo admite, sino que se enfrenta a nosotros respondiéndonos con frases del tipo: "Ese es mi problema, métete en tus cosas" "olvídame" "a ti que te importa lo que yo haga con mis amigos" etc.

"Recibir críticas por parte de los demás es bastante usual. Se reciben críticas hasta de los mejores amigos, unas veces de manera justa y en otras ocasiones de modo injusto. Responder adecuadamente a quien nos formula una crítica justa constituye una habilidad social deseable" (Vallés, 1996).

Pedir y conceder favores

El hecho de pedir y conceder favores es una habilidad que hay que aprender. La forma en que se pida un favor es determinante para que sea concedido. Parece que la única forma que los jóvenes conocen a la hora de solicitar favores es mediante exigencia; no se dan cuenta que la forma de verbalizar sus deseos produce una respuesta más rápida y positiva. Es una habilidad que se considera necesaria para las interacciones sociales, por lo que debe aprenderse y por tanto se debe enseñar.

Solicitar cambios de conducta

El hecho de pedir y conceder favores es una habilidad que hay que aprender. La forma en que se pida un favor es determinante para que sea concedido. Parece que la única forma que los jóvenes conocen a la hora de solicitar favores es mediante exigencia; no se dan cuenta que la forma de verbalizar sus deseos produce una respuesta más rápida y positiva. Es una habilidad que se considera necesaria para las interacciones sociales, por lo que debe aprenderse y por tanto se debe enseñar.

Pedir disculpas

Saber pedir disculpas implica reconocer los errores. Cuando se reconocen los errores no siempre se retracta uno de ellos. Es conveniente reconocer ante el interlocutor que la conducta no ha sido la deseada.

Defender los propios derechos

Defender los propios derechos consiste en afianzar la opinión, cargada de razón, para no ser fruto de posibles atropellos. Es una habilidad mucho más amplia, que requiere entre otras cosas gran dominio verbal, confianza y seguridad. Estos elementos deben trabajarse mucho en casa para afianzarlos de modo que se conviertan en conductas automáticas.

Respetar los derechos de los demás

Para respetar los derechos de los demás hay que presuponer que se está capacitado para escuchar activamente, que se es capaz de ponerse en el lugar del otro y que se tiene control de las emociones. Con estas premisas se está en condiciones de aceptar un cambio de conducta que implique reconocimiento de los intereses del otro.

Hacer reír

Es una habilidad que consiste en ironizar de forma no hiriente los contratiempos que surgen en el camino de la vida.

Mark Twain decía que la risa quitaba dinero a los médicos. Es evidente que el buen humor es una vacuna contra el estrés; además, si se toman las cosas con sentido del humor y no se magnifican, se evita con ello ofuscarse en algo que posiblemente tenga solución, y que desde esa perspectiva no alcanzamos a verla.

Hacer reír ayuda en las relaciones sociales. La gente prefiere relacionarse con personas que tienen buen humor que con aquellas que transmiten pesar y melancolía; por lo tanto ser capaz de hacer reír es una singular tarjeta de visita a la hora de hacer amigos.

Hacer cumplidos

¿Resulta tan difícil elogiar, reforzar, felicitar, dar la enhorabuena, etc. a las personas con las que se convive? A veces no se es consciente de las consecuencias que puede desencadenar un cumplido, y sin embargo qué poco uso se hace de ellos.

El cumplido es una habilidad que hace sentir bien al interlocutor y por lo tanto éste, revierte sobre el emisor un refuerzo positivo que fortalece la relación. Kelly (1987) denomina a la habilidad de hacer cumplidos *feed back conversacional positivo.*

Recibir cumplidos

Simplemente decir *gracias* en un momento determinado denota una implicación social que sirve de refuerzo a la persona que elogia, ayudando así en el afianzamiento de este tipo de conductas.

Para recibir cumplidos es necesario haber aprendido a sonreír mientras se muestra verbalmente un mensaje de agradecimiento. El modo en que "se encaja" un cumplido será determinante para continuar recibiéndolos.

"Tanto reforzar a los demás como recibir reforzamiento social ayudan a mantener la propia popularidad, la implicación social y el rendimiento escolar" (Michelson et al., 1987: 81).

¿Trabajamos habitualmente este tipo de conductas en casa?
Después de veintiocho años dedicada a la enseñanza, son muchos
los ejemplos los que corroboran desde la práctica educativa la importancia que tiene el desarrollo temprano de las conductas que he expuesto anteriormente.

Pongamos un ejemplo:
A.P. es una niña de siete años con muy buenos resultados en los test
de aptitud (podría decirse que es la niña más inteligente de la clase).

De pequeña, según su madre, tuvo serios problemas con su padre,
por lo que ésta decidió separarse de su marido y luchar por la custodia
de su hija.

A partir de entonces comienza un calvario en la vida de A.P. La
madre piensa que la hija emocionalmente está afectada por aquella
relación y eso desequilibra de tal modo a la niña que según la madre
le impide concentrarse para estudiar. Este pensamiento de la madre es
utilizado por la niña para eludir cualquier tipo de responsabilidad. Sus
intentos para compensar las supuestas secuelas de su hija se traducen
en consentir todos los caprichos que a la niña se le antojan (los niños
desde muy temprana edad aprenden con facilidad aquellas conductas
que les producen refuerzo positivo, por lo que tienden a repetirlas).
Esto hace que la niña esté "bombardeando" permanentemente a su
madre con cuestiones tales como: "Me duele la cabeza", "Me duele la
tripa", "Los compañeros no me hacen caso", "No me da tiempo a terminar los deberes", "Estoy triste", etc. Y mientras tanto el rendimiento
de la niña es de los más deficientes de la clase.

No se trata, en este caso de aclarar cómo debemos actuar madre
y profesores para equilibrar el factor emocional e intelectual y obtener de A.P. un rendimiento satisfactorio. Eso lo veremos más adelante.
Lo que intento poner de manifiesto es la importancia que tiene saber

interpretar y diferenciar conductas caprichosas, de emociones mal gestionadas que impiden la estabilidad emocional necesaria para un desarrollo personal satisfactorio y que es uno de los factores responsables del rendimiento académico.

Este tipo de ejemplos son muy comunes hoy en los colegios. Los niños utilizan todo tipo de argucias para conseguir de sus padres aquello que desean. Los padres, cada vez más, tienden a doblegar su voluntad en beneficio de los deseos de sus hijos. Esto está acarreando serios problemas en el ámbito educativo. Los profesores están perdiendo autoridad por la falta de consenso con los padres, que no dudan en dar siempre la razón a su hijo en detrimento de su educación.

COCIENTE INTELECTUAL O COCIENTE EMOCIONAL

Utilizaré como ejemplo para la comprensión del vínculo entre razón y emoción, la lectura de un pasaje de *El Alquimista*.

"Cierto mercader envió a su hijo con el más sabio de todos los hombres para que aprendiera el Secreto de la Felicidad. El joven anduvo durante cuarenta días por el desierto, hasta que llegó a un hermoso castillo, en lo alto de la montaña. Allí vivía el sabio que buscaba.

Sin embargo, en vez de encontrar a un hombre santo, nuestro héroe entró en una sala y vio una actividad inmensa; mercaderes que entraban y salían, personas conversando por los rincones, una pequeña orquesta que tocaba melodías suaves y una mesa repleta de los más deliciosos manjares de aquella región del mundo. El sabio conversaba con todos, y el joven tuvo que esperar dos horas para que le atendiera.

El sabio escuchó atentamente el motivo de su visita, pero le dijo que en aquel momento no tenía tiempo de explicarle el Secreto de la Felicidad. Le sugirió que diese un paseo por su palacio y volviese dos horas más tarde.

– Pero quiero pedirte un favor – añadió el sabio entregándole una cucharilla de té en la que dejó caer dos gotas de aceite –. Mientras camines lleva esta cucharilla y cuida de que el aceite no se derrame.

El joven empezó a subir y bajar las escalinatas del palacio manteniendo siempre los ojos fijos en la cuchara. Pasadas las dos horas, retornó a la presencia del sabio.

–¿Qué tal? – preguntó el sabio –. ¿Viste los tapices de Persia que hay en mi comedor? ¿Viste el jardín que el Maestro de los Jardineros tardó diez años en crear? ¿Reparaste en los bellos pergaminos de mi biblioteca?

El joven, avergonzado, confesó que no había visto nada. Su única preocupación había sido no derramar las gotas de aceite que el Sabio le había confiado.

– Pues entonces vuelve y conoce las maravillas de mi mundo – dijo el Sabio –. No puedes confiar en un hombre si no conoces su casa.

Ya más tranquilo, el joven cogió nuevamente la cuchara y volvió a pasear por el palacio, esta vez mirando con atención todas las obras de arte que adornaban el techo y las paredes. Vio los jardines, las montañas a su alrededor, la delicadeza de las flores, el esmero con que cada obra de arte estaba colocada en su lugar. De regreso a la presencia del sabio, le relató detalladamente todo lo que había visto.

– ¿Pero dónde están las dos gotas de aceite que te confié? – preguntó el Sabio.

El joven miró la cuchara y se dio cuenta de que las había derramado.

– Pues este es el único consejo que puedo darte – le dijo el más Sabio de los Sabios –. El secreto de la felicidad está en mirar todas las maravillas del mundo, pero sin olvidarse nunca de las dos gotas de aceite en la cuchara. (Paulo Coelho, *El Alquimista)*

Este breve relato es una metáfora que nos ayuda a comprender la relación existente entre la razón y la emoción.

A nuestro joven en un primer momento lo único que le preocupa es no derramar el aceite, por lo que se limita a no dar un paso en falso controlando exageradamente la cuchara con un pensamiento (razón) permanente: no perder el control.

El exceso de razón muchas veces cuestiona tanto las cosas que se pierde el tiempo buscando la solución ideal, permaneciendo en muchas ocasiones, insensibles al mundo que exterior; lo que lleva a vivir para un futuro unas veces y otras con la rémora de un pasado. Pero el tiempo pasa y pasa tan rápidamente que, cuando uno quiere darse cuenta de lo que verdaderamente desea, ya no queda tiempo para conseguirlo.

No se vive en el pasado ni en el futuro. Lo único que se tiene es el presente, eso es lo único que debe interesar. Si se permanece en él, se conseguirá ser feliz. Se percibirá el mundo como es, con todo lo que le caracteriza: el amor, el poder, el odio, la venganza, la belleza, la melancolía, etc.; y disfrutando de unos aspectos y enfrentándose a otros se conseguirá crecer en equilibrio, desarrollando el yo emocional, tan importante para conseguir las metas, como el otro yo, el intelectual.

Durante la segunda visita, a nuestro joven lo que le preocupa es contemplar la belleza que le rodea, se embelesa con las maravillas del palacio, sin prestar la más mínima atención a la cuchara del aceite. Pierde el control y derrama el aceite.

Este aspecto del relato muestra la importancia que tiene el manejo de las emociones para conseguir nuestros propósitos.

El mundo está lleno de momentos deseables, de manjares apetecibles, de situaciones envidiables, de espacios abiertos esperando a que entremos en ellos. Pero también de espejismos, de trampas y de sinsabores. No podemos sumergirnos en él a "pecho descubierto", no podemos lanzarnos al vacío sin red. Nuestras emociones deben estar regidas por nuestra razón.

En el mundo occidental se le ha dado demasiada importancia a la razón en detrimento de la emoción. Sin embargo, son muchos los autores y muchas las investigaciones que demuestran la importancia de integrar ambos campos.

Investigaciones relativamente recientes revelan que las dos mitades del cerebro funcionan de manera muy distinta. Mientras el hemisferio izquierdo controla las actividades verbales, analíticas, racionales, conceptuales y lineales, el derecho controla las actividades no–verbales, imaginativas, espaciales, intuitivas y de percepción.

Del mismo modo se sabe ya que la amígdala o cerebro emocional es más primitiva, mientras que el neocórtex o cerebro racional es casi un recién llegado en la evolución y sólo se encuentra en los mamíferos.

"La amígdala actúa como una especie de centinela psicológico y es la responsable de nuestros actos impulsivos, y en ocasiones nuestro salvavidas. El neocórtex, en cambio, nos permite tener pensamientos sobre los sentimientos, mantener relaciones y reflexionar sobre lo que ocurre en el plano emocional. Las emociones constituyen la base de las acciones racionales" (Wilks, 2000: 40).

Se debe caminar en busca del bienestar, pero escuchando la voz de la conciencia, el "yo controlador", el pensamiento.

Por todo ello hay que reconocer que siempre hay dos modos de ver las cosas, el racional y el emocional. Ninguno de estos modos es superior al otro, pues se puede caer en el error de desarrollar uno en detrimento del otro.

Como dice Wilks "Si reprimimos el pensamiento y lo degradamos, perdemos el control de nuestras emociones, que se vuelven peligrosas y caóticas; nuestra capacidad de pensar se atrofiará y nos veremos obligados a racionalizar todos nuestros actos. Por otro lado, si reprimimos la emoción, nuestros sentimientos se vuelven secos y pierden color; nos faltarán las motivaciones y la imaginación, así como la inspiración necesaria para dar el siguiente paso lógico. Nuestros sentimientos se convertirán en clandestinos y surgirán, disfrazados, en un lugar donde cueste más lidiar con ellos."

Para Wilks el pensamiento y el sentimiento pueden funcionar como un sistema interactivo, aunque cueste mucho llegar a ello.

Abordar las situaciones manteniendo unido el "yo pensante" y el "yo sintiente" permite la posibilidad de ver las cosas desde dos puntos de vista, al mismo tiempo que se desarrollan las dos capacidades.

Saber las razones de lo que se siente y por qué se siente es la forma de vivir manteniendo unidos el mundo de las emociones y el mundo de la razón. El rendimiento depende en gran medida de esta unión.

¿Cómo puede explicarse el éxito profesional de alumnos que han cursado una escolaridad deficiente?

¿Puede predecirse el futuro profesional en función del cociente intelectual?, ¿estará asegurado el futuro para una persona con un C.I. por encima de 120?; ¿cómo es posible que Beethowen llenara los escenarios y fuera en su época un ser genial aun siendo sordo? Podría compararse el talento de Van–Gogh, Nureyev, Alfred Hitcoch, José Saramago o Einstein. ¿Podría afirmarse que todos ellos tenían un C.I. por encima de 120? ¿Qué es lo que les diferencia?; o mejor dicho, ¿qué es lo que les caracteriza?

Son muchos los estudios que se vienen haciendo en esta última década y muchos autores que interesados por este tema invierten su tiempo en investigaciones que dan luz a estos interrogantes, reflexionando sobre conceptos que no han estado nunca del todo explicados y que ofrecen nuevos puntos de vista, que sirven de referentes para alumbrarnos en la búsqueda de un mundo mejor.

Cuando nos preguntamos: "¿Qué es más importante tener habilidad para controlar la angustia o tener facilidad para desenvolverse en grupo?", "¿Qué es mejor, tener la habilidad para comunicar y convencer o ser capaz de realizar complejos cálculos mentales?", ¿Qué es preferible, saber aprovechar felizmente el tiempo que nos ha tocado vivir, o pasarnos la vida intentando demostrar que somos los mejores?" etc., Las respuestas no deberían ser producto de una profunda reflexión…

Los estudios de Spitz en los años cuarenta sobre la importancia de la interacción social temprana para el desarrollo emocional e intelectual han sido de gran relevancia. Este autor hizo un estudio comparativo entre niños abandonados en un orfanato y niños de una prisión que vivían en una guardería anexa a la prisión, pero que podían pasar con sus madres algunas horas al día. Los niños del orfanato mostraban mayor retraimiento, sentían poca curiosidad por lo que tenían a su alrededor, eran más débiles en su sistema inmunológico, tenían menos defensas y eran más proclives a infecciones.

El lenguaje y las habilidades auditivas, las matemáticas y la conducta social son cualidades que se desarrollan en el individuo en períodos claves del desarrollo humano. Mucho se ha investigado sobre el lenguaje, y está demostrado por ejemplo que, si un niño no ha tenido la oportunidad de escuchar a nadie antes de los siete años, es muy posible que no aprenda a hablar nunca.

Este ejemplo pone de manifiesto que la falta de atención emocional desde la más temprana infancia acarrea graves trastornos en el desarrollo intelectual del individuo.

El lenguaje es un indicador determinante en el desarrollo intelectual. Muchas investigaciones han demostrado que los niños criados fuera de un ambiente familiar acogedor y emocionalmente positivo han tardado más en aprender a hablar que los grupos de control, su vocabulario es más pobre y les resulta más difícil elaborar frases bien estructuradas gramaticalmente.

Otro período clave para el desarrollo cerebral es la adolescencia. Aquí se suceden cambios biológicos, morfológicos y hormonales que se traducen en transformaciones en la forma de pensar y posteriormente en el modo de actuar.

Es un período de gran fragilidad psicológica en el que hay que estar muy alerta; aquí los referentes cambian; ya no ocupa el primer lugar su núcleo familiar; los adultos son para el adolescente personas anticuadas que pierden el tiempo sermoneando a los jóvenes sobre cosas que ellos no experimentaron en su día. El respeto por los demás pasa a un segundo plano y las normas de convivencia intentan ajustarlas a sus intereses.

Sin embargo, todo ese sinfín de conductas rebeldes y díscolas, no son más que un enmascaramiento para no admitir que lo que verdaderamente ocurre es que no está preparado para enfrentarse a conflictos para los que no ha sido instruido y frente a los cuales todavía no se siente seguro de poder resolver.

Los adolescentes sólo demandan atención y los padres debemos darnos cuenta que es, en este momento donde más importancia tiene trabajar de dentro hacia fuera, desde el mundo de las emociones hacia lo más externo; es decir, el aprendizaje de conductas. Si se quiere entrar en su interior para ayudarles a manejar sus emociones, tendrá que ser siempre desde el mundo de sus intereses.

A veces se dan situaciones en las que nos encontramos con personas díscolas, malencaradas y de trato desagradable con las que nos es imposible comunicarnos. Nos resulta tremendamente difícil salir airosos de estas situaciones sin haber entrado en conflicto y nos solemos preguntar, ¿qué he debido hacer para que me hable o me mire de ese modo?

Muchas veces este tipo de situaciones se dan en nuestra casa y con nuestros/as propios hijos/as.

Estudiosos del tema han trabajado sobre este aspecto y han llegado a algunas conclusiones.

Se han alegado una serie de razones que impedirían a un sujeto manifestar una conducta socialmente habilidosa. Estos factores serían los siguientes según Caballo (1987):

- Las respuestas habilidosas necesarias no están presentes en el repertorio de respuestas del individuo. Este puede no haber aprendido nunca la conducta apropiada o puede haber aprendido una conducta inapropiada. Puede también que estas respuestas inapropiadas sean la causa de un aprendizaje anterior, con lo que incluso, aun poseyendo el individuo las habilidades necesarias; las respuestas inapropiadas pueden superar a las habilidades más apropiadas y producir un resultado inadecuado.

- El individuo siente ansiedad condicionada que le impide responder de una manera socialmente adecuada. A través de experiencias aversivas o por medio del condicionamiento vicario, señales anteriormente neutras relacionadas con las interacciones sociales han llegado a asociarse con estímulos aversivos.

- El individuo considera de forma incorrecta su actuación social autoevaluándose negativamente, con acompañamiento de pensamientos "autoderrotistas" o está temeroso de las posibles consecuencias de la conducta habilidosa.

- Falta de motivación para actuar apropiadamente en una situación determinada, pudiendo darse una carencia de valor reforzante por parte de las interacciones interpersonales.

- El individuo no sabe discriminar adecuadamente las situaciones en las que una respuesta determinada es probablemente efectiva.

- El individuo no está seguro de sus derechos o no cree que tenga el derecho de responder apropiadamente.

- En el caso de pacientes psiquiátricos, los penetrantes efectos de la institucionalización han producido una deshabituación de las respuestas sociales que tiene como resultado una incapacidad para reproducir lo que puede haber sido una vez parte integral del repertorio de los pacientes.

- Obstáculos ambientales restrictivos que impiden al individuo expresarse apropiadamente o que incluso castigan la manifestación de esa conducta socialmente adecuada.

Según el autor, un proceso de desarrollo de habilidades sociales debe implicar:

- Entrenamiento de habilidades: donde se enseñan las conductas específicas, se practican y se integran en el repertorio del sujeto entrenado.

- Reducción de la ansiedad: que puede lograrse directamente o indirectamente, como un subproducto del entrenamiento en habilidades o de la reestructuración cognitiva.

- Reestructuración cognitiva: donde los valores, creencias, cogniciones y/o actitudes pueden cambiarse por técnicas de modificación de conducta cognitiva, comprensión, exhortación o logros conductuales.
- Entrenamiento en solución de problemas, donde se enseña al individuo a recibir correctamente los "valores" de todos los parámetros situacionales relevantes, a procesar los "valores" de estos parámetros para generar respuestas potenciales, seleccionar una de las respuestas y enviarla de forma que maximice la probabilidad de alcanzar el objetivo que impulsó la comunicación interpersonal.

Hay muchas formas de ser inteligente, y para demostrarlo sólo hay que saber triunfar en tu trabajo, sea cual fuere, desde aquellos que menos prestigio tienen socialmente, como puede ser un ama de casa, hasta aquellos más remunerados y que mayor coste emocional tienen, como por ejemplo político, científico o empresario.

Parece evidente que la gente que triunfa debe poseer ciertas habilidades que les diferencien de los demás. Pero, como se ha dicho anteriormente, estas habilidades no tienen por qué formar parte del bagaje intelectual del individuo. Los estudios realizados, la forma en que el sujeto se relaciona con el medio que le rodea en sus múltiples situaciones, determina en gran medida su personalidad y le capacita o no para el desempeño de su futuro profesional.

EL MANEJO EMOCIONAL: PRIMERA MEDIDA DE EDUCACIÓN

Las emociones intervienen en nosotros de dos maneras: por un lado nos dirigen hacia aquellas situaciones que según nuestra experiencia resultan interesantes, y por otro lado nos anticipan las posibles consecuencias de nuestra conducta.

Esto es posible gracias a dos funciones de la inteligencia: nuestra imaginación y nuestra memoria. Entre ambas suscitan al organismo, a largo plazo, a que dé una respuesta cognitiva por un lado y somática por otro. De este modo, frente a un dilema se produce una reacción combinada somático-cognitiva que facilita a la persona para la planificación del futuro y como consecuencia la toma de decisiones más ventajosa.

Las emociones están involucradas en el razonamiento mediante las interacciones fisiológicas y anatómicas que tienen lugar en las dos regiones del cerebro, emocionales (amígdala) y lóbulo frontal (donde se elaboran los procesos de razonamiento, toma de decisiones y resolución de problemas); entre ellas la región orbitofrontal es la que hace de puente entre la amígdala y la región prefrontal y juega un papel crítico para el establecimiento de las funciones normales entre los procesos racionales y emocionales.

La corteza orbitofrontal es absolutamente necesaria para el desarrollo de formas de conducta que se requieren en las relaciones interpersonales y en los contextos sociales.

Se puede afirmar que la corteza orbitofrontal y la amígdala están realmente implicadas no sólo en el comportamiento, en la resolución de problemas y planificaciones de futuro, sino también en el proceso de aprendizaje que desde la más temprana infancia nos permite valorar emocionalmente las situaciones, almacenar en nuestra memoria a largo plazo e ir construyendo nuestro propio sistema de valores personales y sociales que guiarán nuestro comportamiento a lo largo de nuestra vida.

Lo que hay que tener muy claro es que en ese sistema de valores personales y sociales las variables ambientales – como la clase social, educación, costumbres, ideología de las familias y compañeros – cobran mucha importancia en el desarrollo personal y social de nuestro hijo.

Los neuropsicólogos han reunido suficientes pruebas que demuestran que la alteración temprana de los *interfaces* emoción-razón del cerebro humano, pueden comprometer seriamente la construcción del sistema de valores sociales y morales, así como el desarrollo normal de la personalidad del individuo.

Los mecanismos de la conducta emocional se encuentran íntimamente entrelazados en las estructuras más antiguas del cerebro; además de distribuidas por diversas áreas cerebrales. Sin embargo es importante hacer una distinción entre los procesos afectivos y los cognitivos aunque exista una máxima interacción entre ambos.

Muchos problemas de desarrollo cerebral pueden afectar a otras estructuras de formación más tardía, es decir más neocorticales y que intervienen en el reajuste final de entramado neuronal de la corteza, sin que ello interfiera en estructuras subcorticales, de desarrollo más primitivo, base de la estructura neuronal de la conciencia afectiva.

Esto hace suponer que pueden trabajarse unas áreas independientemente de otras y así mejorarse ambas. Es decir, un niño con pocas aptitudes desde el punto de vista cognitivo, puede mejorar sus resultados si se trabaja con él desde la perspectiva emocional; así, enseñándole a conocer y a aceptar sus dificultades, motivándole en sus logros, creando un clima empático en el que se sienta seguro, alimentando positivamente su autoconcepto y mejorando finalmente su autoestima, es casi seguro que mejorará su aprendizaje intelectual. La conciencia afectiva puede alcanzar un grado de desarrollo claramente superior al de la conciencia estrictamente cognitiva (Mora, 2000).

Como ejemplo, me viene a la memoria una alumna A.A que con seis años todavía no sabía leer ni escribir. Era poco hábil en sus movimientos y se expresaba con dificultad. La profesora del curso anterior había aconsejado a los padres que se la llevaran del colegio, pues el nivel que el centro exigía era demasiado alto y esta niña no iba a conseguir nada.

La madre decidió que pasara a primero de primaria conmigo y probar suerte una vez más. Cuando vi a la niña por primera vez, parecía un conejillo asustado, tenía la mirada baja y esperaba que alguien la eligiera de compañera de pupitre (el primer día de clase se observan cosas interesantísimas). Nadie quiso sentarse con ella; la conocían de los otros dos cursos anteriores (párvulos) y sabían que era "la tonta de la clase". La miré y le dije si le importaba ser mi ayudanta, que tenía muchos niños y que la necesitaba cerca de mí para repartir material, colgar murales, recoger trabajos, etc. Pasó tiempo antes de ponerla a leer o a escribir, simplemente coloreaba letras y números que yo le daba hechos, hablábamos sobre ellos y luego los recortaba y los pegaba donde a ella la parecía conveniente. Cuando le pedía que me hiciese dibujos, recuerdo que dibujaba sin colores, todos eran a lápiz. Rayaba con fuerza los rellenos. Un día le dije que utilizase colores. Su dibujo fue una niña debajo de un paraguas abierto, con una tormenta que ocupaba toda la parte superior del folio y lloviendo, pero la muñeca estaba protegida. Ese dibujo ya tuvo algo más de color.

Más tarde contábamos pinturas, luego con un ábaco; saltábamos a la comba, la enseñaba juegos en los que los reflejos eran primordiales; charlábamos sobre su ropa, sobre su familia, su perro, etc.

Después de dos años, la niña iba sintiéndose mejor entre sus compañeros, iban aceptándola y hasta hizo dos amigas. Conseguimos quitarle el cartel de "tonta" y al cabo de los seis meses la niña leía y escribía. No mejoraba mucho su motricidad; sin embargo conseguimos que alcanzara los objetivos mínimos del ciclo.

Pasé con la niña al siguiente ciclo (3º y 4º); aquí ya había adquirido la suficiente seguridad como para no dejarse intimidar por los demás, exigía sus derechos y, si algo no le parecía justo, lo defendía a ultranza. Aprendió la ortografía, los tiempos verbales (simples y compuestos), las tablas de multiplicar y los sistemas de medida (longitud, masa y capacidad), consiguió resolver problemas y, lo más importante, su gesto ya no era huraño; sus dibujos tenían mayor colorido y sonreía con facilidad; su rendimiento era satisfactorio. Sin embargo había algo curioso: nunca me contó qué hacía cuando estaba en los cursos de párvulos. Cuando le hacía esa pregunta, me miraba fijamente a los ojos y enmudecía por completo, se ponía tan tensa que decidí, al igual que ella, dejarlo en el olvido.

Este ejemplo pone de manifiesto la importancia que tiene en el ámbito educativo trabajar de dentro hacia afuera, es decir, desde las áreas más internas y primitivas del cerebro, donde se generan los afectos y las emociones, hasta las zonas más corticales, donde se encuentran las regiones del aprendizaje y la conducta, y conseguir que el rendimiento sea proporcional a la capacidad intelectual y al esfuerzo.

El problema está en comprobar cómo y en qué medida el mundo de la conciencia afectiva influye o interviene en el mundo de lo cognitivo.

Se supone que una vez que se estimula el sistema emocional entran en acción diversas funciones cerebrales de orden superior. Estas interacciones entre emoción y cognición forman parte de la vida diaria de cada persona; nos es más sencillo recordar aquello que nos causó satisfacción que intentar emocionarnos con pensamientos o experiencias vividas.

Ahora bien, ¿qué se supone que aparece antes, el control cognitivo que ejerce influencia sobre lo afectivo, o por el contrario es el mundo de las emociones el que predomina ante la toma de decisiones?

Es lógico pensar que si las estructuras anatómicas más primitivas del cerebro son la amígdala, el hipotálamo y la corteza cingulada anterior (entre otras) y éstas son el centro y las responsables de las emociones, la emoción producirá el pensamiento.

En términos neuroanatómicos y neuroquímicos, parece que el flujo ascendente es predominante, lo que explica el hecho de que las emociones y los afectos influyan sobre nuestras decisiones de forma masiva y permanente (Mora, 2000).

Así, ante un hecho o situación aparece la emoción (común en animales y seres humanos). La emoción provoca una respuesta, en los animales innata, en los seres humanos depende: si la emoción ha sido vivida ya en otras ocasiones y hemos sido capaces de racionalizar la respuesta, podemos decir que estamos preparados para controlar nuestras emociones, pues, aunque no se repitan todas las emociones, bien es verdad que, si somos capaces de controlar el tartamudeo, la sudoración o el rubor ante un hecho o una situación en particular, seremos capaces de controlarlo siempre que aparezcan este tipo de reacciones fisiológicas producidas por emociones incontroladas.

En estas ocasiones, cuando la emoción no es controlada por la razón, la respuesta puede ser espontánea y, en algunos casos, no deseada.

Tanto las respuestas como las consecuencias de las mismas son evaluadas por nosotros, y en función de dicha evaluación actuamos de un modo u otro desarrollando un tipo de rasgos de personalidad en vez de otros. Ejemplo: Un bebé que siente hambre (emoción), llora (respuesta), y recibe alimento (consecuencia), aprenderá a llorar (conducta) cuando quiera conseguir algo. Si la madre satisface a su hijo con lo que el niño quiera cuando éste llore, desde pequeño el niño adoptará una conducta caprichosa.

Cuando el niño entre en edad escolar, intentará conseguir de la profesora lo mismo que de su madre y con los mismos métodos, pues hasta ahora le había dado resultados; sin embargo en el colegio no le servirá.

Ocurrirá entonces que el niño irá a casa diciendo que no quiere ir al colegio. Si los padres confían en los consejos del profesor y ayudan desde casa, poco a poco el niño deberá irse adaptando. Si los padres desconfían del profesor y consienten al niño, estarán creando un ser egoísta, poco afable, con falta de responsabilidad y que no respeta las normas.

Este niño más adelante tendrá problemas de relación con los demás y será la adolescencia la que dará forma a su personalidad, enseñándole cuál es el camino para aprovechar la vida de la mejor manera posible.

Lo que está claro es que de la formación en el desarrollo de habilidades personales y sociales que reciba un niño desde su nacimiento hasta pasada la adolescencia va a depender su rendimiento futuro, y en función de éste la sensación de sentirse una persona con éxito.

De todos modos no hay que olvidar que una persona preparada intelectualmente para un futuro profesional exitoso tiene más posibilidades que una persona con un cociente intelectual más bajo a la que no se haya motivado intelectualmente; y lo dicho anteriormente indica que las emociones influyen poderosamente en el modo en que razonamos y nos desenvolvemos en la resolución de conflictos.

Los errores propios de pensamientos irracionales producen sentimientos dolorosos. Para que todo este entramado de pensamientos, deseos, obligaciones, etc. siga un orden adecuado y un ritmo constante, la cabeza y el corazón deben entrelazarse y así poder avanzar en el camino de la vida de forma significativa. El mejor modo de avanzar consiste en alentar tanto el modo de pensar como el modo de sentir.

Según (Wilks, 2000: 47) "Las emociones nos ayudan porque nuestras pautas y nuestro dolor se repiten hasta que conseguimos entender su mensaje".

Wilks hace un paralelismo entre los modos de saber y los de sentir y los resume en el siguiente cuadro:

LOS MODOS PARALELOS DEL SABER

Cabeza	**Corazón**
razonable	emocional
pensamiento	sentimiento
hemisferio izdo.	hemisferio dcho.
lógico	intuitivo
objetivo	subjetivo
sucesivo	simultáneo
convergente	divergente
analítico	relacional
agresivo	complaciente
yang	yin
apolíneo	dionisíaco
masculino	femenino

Según Wilks estos dos saberes deben desarrollarse de forma paralela. El desarrollo de uno independientemente del otro supone al otro inferior, y aunque cada uno tendamos hacia uno de los dos, debemos tener conciencia de la importancia del desarrollo de ambos.

Debemos interiorizar primero en nosotros mismos la importancia de este paralelismo y de la interdependencia entre razón y emoción. Sólo así podremos educar a nuestros hijos sin condicionantes y de forma libre. Como dije al principio del capítulo es una tarea nada fácil pero no imposible. Sólo requiere tener conciencia de lo que queremos (expectativas), confiar en que podemos hacerlo (capacidad) y decisión para ponernos "manos a la obra" (voluntad)

CAPACIDAD + VOLUNTAD ⟹ EXPECTATIVAS

Si estamos dotados de capacidad y tenemos el deseo de alcanzar una expectativa que deseamos, sólo es preciso poner en marcha la voluntad de alcanzarla. Las expectativas se consiguen, con capacidad y voluntad. El tiempo empleado sólo depende del esfuerzo.

El modo en que demostramos nuestra competencia depende factores de personalidad así como: la motivación, el interés, etc. de factores de personalidad, y de características propias del sujeto como son el autoconcepto y la autoestima entre otros. No debemos olvidar que todo ello está unido a nuestras expectativas. Pues bien; la piedra filosofal consistirá en encontrar la relación equilibrada entre las capacidades, las expectativas y la voluntad.

Eso es lo que debemos transmitir a nuestro hijo con la leche caliente y con cada canción, como dice Joan Manuel Serrat. Exigirle en función a sus capacidades, enseñarle a no conformarse con lo mediocre es decir, ayudarle a mantener altas sus expectativas, apostar siempre hacia lo más alto y educar su voluntad para que consiga sus logros.

Aunque no se haya descubierto nada nuevo, se sabe que para conseguir cualquier meta simplemente hay que proponerse llegar a ella teniendo en cuenta las limitaciones, intentando ir siempre un poquito más allá. Llamamos limitaciones al conjunto de pensamientos instalados en nuestro inconsciente que nos impiden dirigirnos hacia la meta deseada y alcanzar las expectativas. Hay autores que las denominan creencias y las definen de la siguiente manera.

LAS CREENCIAS

Las creencias son generalizaciones acerca de las causas, el significado de los límites y alcances de nuestra identidad, nuestras capacidades, nuestras conductas y nuestro entorno.

Las creencias son los grandes principios por los que nos guiamos, y todos actuamos como si fueran ciertas, lo sean o no. Las creencias representan uno de los marcos de referencia más amplios para el comportamiento. Cuando usted cree de veras algo, se comportará de un modo congruente con esa creencia. Las creencias envuelven todo el trabajo sobre el cambio personal, porque cuando una persona cree de veras que no puede hacer algo, encontrará una manera inconsciente de impedir que se produzca el cambio y encontrará la forma de interpretar los resultados de modo que se conformen con su creencia existente

Las creencias no son siempre lógicas ya que no tienen porqué coincidir con la realidad.

Las creencias, son factores invisibles determinantes en nuestras vidas. Son sutiles y omnipresentes pensamientos que organizan imperceptiblemente nuestro campo de energía interna y determinan nuestra realidad continua. (Se estima que alrededor de 90.000 pensamientos por día son negativos).

Las creencias son generalizaciones basadas en experiencia que modelan futuras reacciones y comportamientos en las personas. Son, en gran medida, procesos inconscientes de pensamiento organizado, y puesto que son inconscientes son difíciles de identificar:

En la base oculta de nuestros pensamientos de todos los días referidos a lavar la ropa, llevar los niños al colegio, sacar el coche del aparcamiento, dirigirnos al trabajo, etc. hay supuestos básicos que rara vez cuestionamos. Estos supuestos comunes, aprendidos de nuestra cultura son ciencias tales como: "¡Qué gusto, que bien me siento a la edad que tengo. Parece mentira que lleve 30 años de matrimonio y haya tenido tres hijos!", "Hoy me examino de conducir, seguro que apruebo", "Despertaré a mi hijo con caricias, le hará sentirse bien y empezará el día de buena gana".

Este tipo de creencias y muchísimos ejemplos más ayudan a la persona a situarse en el plano de lo positivo, ganando confianza en sí misma y creando posibilidades de cumplir sus objetivos.

Sin embargo las creencias pueden ser también limitadoras. Son creencias de identidad que limitan la idea que la persona tiene de sí misma y de lo que puede hacer para cambiar: "Estoy envejeciendo", "No voy a saber hacer el ejercicio, no se me da bien la sintaxis", "Seguro que mi marido ya no me quiere", "Voy a suspender el curso", "No soy capaz de aprobar la oposición", "No puedo hablar en público", "No lo conseguiré nunca"

Las peores creencias son las limitadoras. Debemos aprender bien esta lección:

**No programar nuestro cerebro a las limitaciones.
No enseñar a nuestro hijo a limitar su pensamiento. Se actúa
como se cree y se cree en lo que se piensa.**

Se dice que una persona rinde bien cuando aprovecha bien su tiempo, cuando es capaz de abordar varios temas, cuando desempeña varias funciones a la vez, cuando obtiene buenos resultados, etc.

Nuestro hijo crece creyendo aquello que escucha de nosotros. Hay padres con expectativas demasiado altas para sus hijos, en algunos casos esperan de ellos lo que nunca consiguieron para sí mismos.

Este es un dato muy común que genera, a menudo frustración en hijos y padres. Por un lado el hijo piensa: "Nunca seré para mi padre lo que él hubiera querido para mí". El padre por su lado se frustra porque no consigue de su hijo lo que él desea.

Este tipo de pensamientos no hacen otra cosa que generar incomprensión por parte de ambos, que en la adolescencia se traduce en una conducta recíproca de reproches y a la larga se convierte en una relación basada en la incomunicación.

Para cambiar una creencia limitadora:

- Tenemos que saber cómo hacerlo.
  No es sencillo, es el punto en el que posiblemente se necesite ayuda de algún experto, sobre todo según el modo en que tengamos arraigada esa creencia o el motivo por el que se instaló en nuestro subconsciente. Se realiza mediante técnicas de relajación y visualización creativa.

- Tenemos que querer el objetivo de un modo congruente. Estado de alineación en el que creemos en lo que hacemos. El cuerpo y la mente trabajan juntos hacia el objetivo. La congruencia personal y el sentido de uno mismo aparecen como resultado de saber lo que se quiere y qué es lo importante.
  No podemos desear algo para lo que estamos limitados física o psicológicamente. Tampoco podemos perseguir una meta de la que no estemos convencidos, que es verdaderamente importante para nuestra vida. En una palabra: Lo que deseemos ha de desearse con pasión.

- Debemos tener conciencia de que es posible hacer ese cambio.

Por eso hay que tener en cuenta que para que el rendimiento sea óptimo debe permanecer equilibrada la balanza:

Expectativas

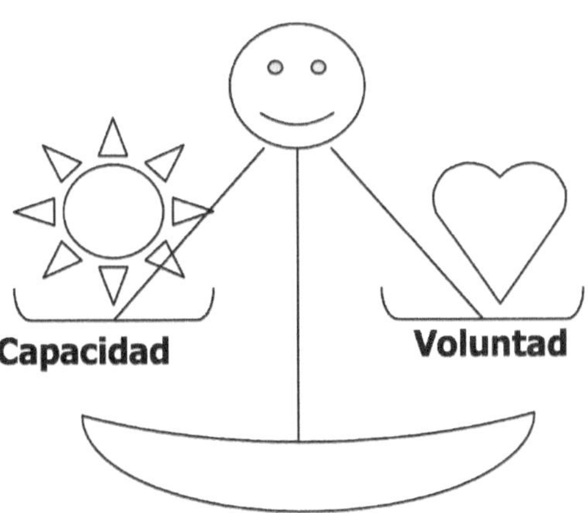

La capacidad sería el resultado de las potencialidades que el individuo tiene para abordar distintas situaciones.

Las expectativas corresponderían a los objetivos que éste se marca.

La voluntad, el deseo de poner en marcha la capacidad para conseguir los objetivos. Pero la voluntad hay que educarla, se consigue enseñando a nuestro/a hijo/a el placer que se obtiene con el cumplimiento de las expectativas.

Las expectativas pueden ser muchas y de diferente envergadura:

- Conseguir moldearte bien el pelo antes de salir de casa.
- Pesar 50 Kg. cuando pesas 80 Kg.
- Sacar un sobresaliente en el examen de álgebra.
- Aprobar el examen de conducir.
- Llevarte bien con tu marido.
- Comprender las necesidades de tus hijos.
- Superar el miedo a hablar en público.

- Aprobar la selectividad con buena nota para entrar en la carrera deseada.
- Tener una casa de 800 m2.
- Ser un alto ejecutivo.
- Saber mandar y que todos los empleados de la empresa te respeten.
- Ser un buen deportista.
- Y un largo etc.

Es definitivo el ejemplo que demos a nuestros/as hijos/as sobre lo que es importante para nosotros, es decir aquello que calificamos de expectativa.

Si nuestros hijos/as ven diariamente nuestra preocupación por el peso, la celulitis, las arrugas, etc. y observan cómo invertimos en ello parte de nuestro tiempo y dinero, es muy posible que sea para ellos algo importante el día de mañana.

Si uno de nuestros objetivos en la vida es poseer casas, coches, equipos de música, televisiones, ordenadores, cámaras de fotografía, etc. sin necesidad, nuestros/as hijos/as acumularán en sus armarios cantidad de juguetes con los que no juegan nunca o ropa que no usan. Si a eso le sumamos tardes de paseo en centros comerciales colmándoles de caprichos tendremos hijos a los que **les preocupará tener, en vez de ser.**

La capacidad, sin embargo, puede no estar ajustada a las expectativas. Se puede tener como expectativa, por ejemplo, ser un deportista de élite, pero se tiene un defecto en la vista que impide ver a distancia. Otras veces es la falta de voluntad la que limita en la consecución de las expectativas.

Se puede desear ser un buen deportista pero cuesta mucho esfuerzo sacrificar todos fines de semana entrenando para algo que a lo mejor no va a conseguirse. Este pensamiento hace que el rendimiento no sea óptimo, ya que la voluntad no está dirigida fielmente para alcanzar la meta propuesta.

Cuanto más alto es el grado de expectativas que se quiere obtener, más elevado es el precio que hay que pagar por ello; y decidir el precio que cuesta la consecución de las expectativas es algo que hay que valorar antes de actuar. La frustración viene determinada por la falta de rendimiento, y es el resultado de tener demasiadas expectativas o pocas pero inadecuadas.

El problema de tener expectativas inadecuadas tiene su origen en el pensamiento irracional, y el problema de tener demasiadas expectativas se debe a la presión social.

Ambos casos desencadenan un rendimiento lento o mal enfocado que puede llevarnos más tarde a situaciones frustrantes.

Un alumno con un cociente intelectual bajo de 3º de secundaria que se propone estudiar cinco horas diarias para ser como el "empollón" de la clase, parte de un pensamiento irracional. Es posible que empiece con un rendimiento adecuado, pues es atractiva la expectativa de "ser como el empollón de la clase"; sin embargo, el rendimiento empezará a disminuir cuando, al cabo del trimestre, vea que no alcanza su objetivo. Su situación puede convertirse en frustrante, si no consigue cambiar el tipo de pensamiento irracional a racional.

También existen padres motivados por la presión social que obligan a sus hijos a desempeñar más actividades de las que pueden abarcar: ballet, piano, alemán, etc.; y todo esto después de una dura jornada escolar. Cuando el alumno llega a casa es posible que no pueda rendir lo deseado.

La exacta estimación de la realidad puede ser tan crucial como lo es el agua para los peces. Querer abrirse paso en este mundo sin una razonable comprensión de la realidad es lo mismo que andar por un campo de minas.

Tener conciencia de lo que se quiere conseguir y de por qué se quiere conseguir requiere toda una jerarquía de pensamientos y de decisiones que implican un razonamiento y un control de la voluntad que son requisito previo para mantener equilibrada la balanza del rendimiento.

Una madre, por ejemplo, puede tener claras las expectativas en relación a la educación de sus hijos, sin embargo se siente incapaz de trabajar en solitario ante la falta de colaboración de su pareja, abandonando la tarea.

VALORES: CÓMO TRANSMITIRLOS

Justicia, solidaridad, libertad, tolerancia, respeto, responsabilidad, amistad, lealtad, fortaleza, generosidad, etc. ¿Cómo los transmitimos?

De todas las definiciones que tiene el Diccionario de la Real Academia sobre la palabra valor, escogeré esta:

"Conjunto de normas o principios morales e ideológicos que dirigen el comportamiento de una persona o sociedad. Característica principal de lo que es correcto o efectivo, o de lo que se ajusta a la ley".

Si atendemos a la definición de valor, en seguida comprenderemos porqué educar en valores es uno de los grandes retos a los que se enfrenta la familia actual.

Intentar afianzar los principios morales y éticos para lograr una convivencia satisfactoria en una familia hoy en día es mucho más difícil que estudiar cualquier ingeniería. ¿Por qué? Pues muy sencillo porque cada persona tiene un modo diferente de implicarse en el modo de transmitirlos.

- Todos deseamos una sociedad justa, pero ¿cómo trasladamos a nuestro hogar el sentido de la justicia?
- Todos deseamos una sociedad más respetuosa, pero ¿cómo respetamos y nos sentimos respetados en nuestro hogar?
- Todos deseamos una sociedad menos egoísta y más solidaria, pero ¿qué grado de implicación mantenemos con nuestra familia?

- Todos deseamos una sociedad más responsable, pero ¿somos verdaderamente responsables en el modo de asumir la convivencia familiar?
- Y así un largo etc.

La educación en valores es un proyecto de vida, no es un conjunto de reglas que se aprenden y que se fijan para toda la vida, pues no pueden imponerse.

Educar en valores es una inversión a largo plazo, pues los valores deben transmitirse con motivación, interés, constancia y perseverancia, desde que nuestro hijo nace hasta que cumple los 21 años aproximadamente.

Vivimos un momento de prisas, estrés, exceso de trabajo, etc. El tiempo restante queremos dedicarlo a nuestro bienestar personal: descanso, lectura, televisión, ordenador, deporte, cine, cenas con amigos, meriendas con amigas, compras, etc.

¡Nos lo merecemos, ¿no?! Esa expresión la oigo muchas veces. Esa y muchas otras: "Todo el día trabajando y nunca tengo tiempo para mí"; "No hago más que trabajar y llego a casa y me encuentro con esas caras"; "Me paso la vida pensando en vosotros y sin embargo… ¿Qué obtengo? Unos hijos egoístas que sólo piensan en ellos"; "Yo quiero que mi hogar sea mi refugio"; "El día menos pensado cojo la puerta y me marcho"; "Creo que me merezco otro trato ¿no?"; "Si no fuera por mí no viviríais como vivís"; "Yo no pienso poner la mesa, que lo hagan los niños que no hacen nada"; "A mí me lo debéis todo". etc.

Si analizamos estos ejemplos con detenimiento, podemos extraer una clara conclusión. Los que estamos dando ejemplo de falta de altruismo, egoísmo, indolencia, exigencia, etc. somos nosotros y precisamente eso es lo que transmitimos a nuestros hijos.

Luego querremos que ellos se sacrifiquen por los demás, que sean complacientes, que respondan de inmediato a nuestras peticiones, etc.

Ante nuestras quejas, nuestros hijos pueden responder de la siguiente manera:

"Pues no sé de qué te quejas, yo también me paso el día trabajando en el colegio"; "Tú has elegido la vida que tienes ¿no?"; "Ese es tu problema"; "Yo también veo malas caras y me tengo que aguantar porque soy el/la hijo/a"; "No haberme traído al mundo"

"En cuanto tenga dinero para independizarme me largo"…

Este tipo de respuestas pueden desencadenar en nosotros dos tipos de actitud:

O bien nos hacemos los sordos porque no queremos manifestar una actitud que pueda poner en tela de juicio nuestra capacidad para resolver conflictos, o "entramos al trapo" intentando demostrar que esa no es una buena contestación y que ese tipo de respuestas no las vamos a consentir. Según el modo en cómo se desarrolle la situación transmitiremos, posiblemente otro tipo de valores tales como, imprudencia, falta de respeto, desobediencia, desorden, intolerancia, etc.

Así es como se transmiten los valores en casa. De poco sirve que analicemos la vida con ejemplos ajenos, para transmitir a nuestros hijos lo que debe ser un hogar. Nuestro hogar es la primera aula de aprendizaje y como he dicho anteriormente todo lo aprendido de 0 a 9 años será el pilar donde va a sustentarse posteriormente el resto de lo que seamos. Es en nuestro hogar donde aprendemos a conocernos y a conocer las potencialidades de cada miembro. Para poder dar de nosotros, primero tenemos que saber quiénes somos y qué podemos ofrecer. Eso se debe aprender a edades muy tempranas. Cuanto antes empecemos a desarrollar la autoconciencia en nuestros hijos antes madurarán, consiguiendo tanto el desarrollo armónico de sus virtudes, como la conciencia de sus debilidades.

Se debe utilizar cualquier momento para transmitir valores:

- Mientras se cena aprovechado una noticia o cualquier acontecimiento de prensa.
- Al planificar salidas, excursiones, actividades, vacaciones, etc.
- Al tomar decisiones que implican a toda la familia.

- Hablando de problemas existentes en la familia, no sólo en el núcleo de padres y hermanos sino de primos, abuelos, etc.
- Cuando surgen peleas o riñas entre hermanos.
- Al organizar asuntos relacionados con las tareas escolares, así como la planificación de horarios, tiempo de ocio, etc.
- Al hablar en casa sobre los profesores de nuestros hijos.
- Al decidir qué tipo de programas de televisión pueden verse y porqué.
- Al organizar las tareas del hogar.
- Etc.

Cualquier acontecimiento debe aprovecharse para conseguir que la idea de justicia, altruismo, igualdad, bondad, ética, moral, libertad, amor al prójimo, etc. vayan calando poquito a poco, sedimentando lo que más tarde serán sus patrones de conducta.

Si en casa hay un ambiente de colaboración por parte de todos los miembros, si el trabajo en equipo forma parte de nuestro quehacer diario, si pensar en los demás antes que en nosotros mismos es una norma asumida por todos. Si además hay una preocupación por el desarrollo de actividades de tipo cultural, etc. iremos poco a poco, no sin esfuerzo, perfilando un tipo de convivencia digna y coherente con el mundo que deseamos.

Ahora bien, si nuestro hogar es un lecho de reproches, de riñas, de insatisfacciones, de exigencias, de intolerancia, de inseguridad, de impotencia, de miedo, de… querrá decir que todavía no hemos empezado, ni siquiera a tomar conciencia de la situación. Por lo tanto habrá que empezar de cero. Nos va a resultar difícil pero no imposible.

Sentémonos ambos progenitores en un lugar alejado del hogar. Podemos salir a cenar, o a pasar un fin de semana fuera, etc. Apaguemos los móviles. Se trata de asegurar que nuestra intención no va a ser interrumpida por nada ni por nadie.

Cojamos papel y lápiz y diseñemos lo que se llama "El plan de expectativas". Según lo visto en el capítulo, se diseñará en función del tipo de convivencia que deseemos.

Antes de diseñar el plan debemos leer con atención lo que viene a continuación y en función de ello redactar el plan.

¿Nos preocupa el modo en que nuestro hijo ocupe su tiempo libre? ¿Forma parte de nuestras expectativas que nuestro hijo dedique algo de su tiempo libre a la lectura, por ejemplo? ¿Qué hacemos para conseguirlo? ¿Hacemos lo suficiente o abandonamos cuando nuestro hijo nos dice que eso no le gusta y que prefiere jugar a la Play–Station?

¿Aprovechamos los fines de semana para trabajar con nuestros hijos en la adquisición de valores?

¿Inculcamos a nuestros hijos el sentido del deber y de la responsabilidad según su edad con tareas como: recoger la ropa, poner la mesa, el lavavajillas, hacer la cama, tender la ropa, hacer recados, ayudar a los hermanos más pequeños, hacer los deberes, ordenar su mochila, sus cajones, sus juguetes (seleccionar lo que está para tirar o lo que podemos ceder a otras personas con menos posibilidades), su armario, etc.?

¿Aprovechamos ese tiempo?

Teniendo en cuenta qué tipo de hogar deseamos entonces, como dije anteriormente, estamos en condiciones de diseñar el plan de expectativas:

PLAN DE EXPECTATIVAS

REFLEXIÓN PERSONAL

1. Pensar qué cosas hay en nuestra vida familiar que no nos gustan o que nos traen problemas.

- ¿Qué quiero que cambie o que sea diferente?
- ¿Cómo podemos lograr que cambie y así satisfacer nuestras necesidades?

- ¿Cuáles son las consecuencias, costos, beneficios, de este rumbo de acción?
- ¿Qué estamos dispuestos a hacer para satisfacerlas?
- ¿Esto puede provocar conflictos con alguno de mis valores?
- ¿Cuál es la verdad del tema?
- ¿Quién es responsable de qué?
- ¿Qué queremos hacer?
- Decidamos qué hacer.

Es posible que en ese primer análisis, descubramos que hay un problema que nos impide seguir con nuestro plan, entonces pasaremos a tomar conciencia de él:

2. Describe el problema y valora su intensidad

- ¿Cuáles son las características del problema?
- Especificar los objetivos que deben alcanzarse para poder considerar que la situación problemática, ha desaparecido.
- Redefinir el problema.
- Buscar las posibles soluciones.
- Valorar las soluciones.
- Seleccionar la mejor solución.
- Elaborar planes precisos de acción.

Aplicación del lenguaje emocional en la transmisión de valores

Como hemos visto en anteriores capítulos, el desarrollo de la autoconciencia, el autocontrol, la motivación, la empatía y las habilidades sociales previenen, por un lado trastornos emocionales que dificultan la convivencia familiar y por otro, ayudan a desarrollar conductas positivas para consigo mismo y para con los demás. Por ello diseñaremos el plan de acción que cumpla nuestras expectativas basándonos en el desarrollo de este tipo de habilidades emocionales.

Utilizaré el siguiente esquema para facilitar la comprensión e ilustraré con un cuento del libro de José Mª Doria "Cuentos para aprender a aprender", con el deseo de hacer más comprensible la importancia que tiene en la transmisión de valores, el desarrollo de cada habilidad.

DESARROLLANDO LA AUTOCONCIENCIA
Lectura de aproximación
Definición de la habilidad
Objetivos Generales
Objetivos Específicos
Aplicación práctica
DESARROLLANDO EL AUTOCONTROL
Lectura de aproximación
Definición de la habilidad
Objetivos Generales
Objetivos Específicos
Aplicación práctica
DESARROLLANDO LA MOTIVACIÓN
Lectura de aproximación
Definición de la habilidad
Objetivos Generales
Objetivos Específicos
Aplicación práctica
DESARROLLANDO LA EMPATÍA
Lectura de aproximación
Definición de la habilidad
Objetivos Generales
Objetivos Específicos
Aplicación práctica
DESARROLLANDO LAS HABILIDADES SOCIALES
Lectura de aproximación
Definición de la habilidad

Objetivos Generales
Objetivos Específicos
Aplicación práctica

DESARROLLANDO LA AUTOCONCIENCIA
El verdadero valor del anillo

Un día se presentó ante un anciano, que tenía fama de sabio, un joven con aspecto atribulado, que le dijo de forma apresurada:

– Maestro, estoy desesperado; me siento tan miserable que me faltan las fuerzas para emprender cualquier cosa. Pienso que no sirvo para nada y que mi vida es un fracaso. En realidad, nadie me escucha ni aprecia la buena intención de mis palabras.

Me han dicho que vuestros remedios y enseñanzas son muy especiales. Estoy dispuestos a serviros en lo que necesitéis, pero, por favor, guiadme hacia la solución de mi problema. ¿Qué puedo hacer?

El anciano, casi sin mirarlo, le contestó:

– Cuánto lo siento, muchacho. No puedo ayudarte, ya que primero debo resolver mi propio problema. Quizás después...

–Y, haciendo una pausa, agregó–. Si quisieras ayudarme tú a mí, yo podría resolver mi asunto con más rapidez y, después, tal vez podría ayudarte a ti.

– De acuerdo, maestro– contestó el joven, con un rayo de esperanza –. ¿Qué puedo hacer yo por ti?

El maestro, quitándose el anillo que llevaba en el dedo pequeño de la mano izquierda se lo entregó al muchacho y le dijo:

– Este anillo debe ser vendido para pagar una deuda. Vete al mercado y trata de obtener la mayor suma posible, pero no aceptes menos de una moneda de oro. ¡Vete cuanto antes y regresa con esa moneda lo mas rápido que puedas!

El joven tomó el anillo y apenas llegó al mercado, empezó a ofrecerlo a las gentes que al principio lo miraban con interés, hasta que llegado el momento en que el joven pedía una moneda de oro, se desencantaban. Algunos reían, otros se daban media vuelta. Tan sólo un viejito fue tan amable como para tomarse la molestia de explicarle que una moneda de oro era muy valiosa para entregarla a cambio de ese anillo. Con afán de ayudar, alguien le ofreció una moneda de plata y un cacharro de cobre, pero dado que el joven tenía instrucciones de no aceptar menos de una moneda de oro, rechazó la oferta.

Después de ofrecer su joya a toda persona que se cruzaba en el mercado y sintiéndose abatido por su fracaso, regresó a la casa del sabio mientras se decía apesadumbrado:

"Si dispusiera yo de una moneda de oro se la entregaría inmediatamente al anciano".

Entró en la habitación y dijo:

—Maestro, lo siento, no es posible conseguir lo que me pediste. Quizás pudiera conseguir dos o tres monedas de plata, pero no creo que yo pueda engañar a nadie respecto del verdadero valor del anillo.

—Qué importante lo que dijiste, joven amigo— contestó sonriente el maestro–Debemos saber primero el verdadero valor del anillo. Vuelve al mercado y vete al joyero. ¿Quién mejor que él para saberlo? Dile que quieres vender el anillo y pregúntale cuánto da por él. Pero no importa lo que ofrezca, no se lo vendas. Vuelve aquí con mi anillo.

El joven acudió raudo a un joyero, quien examinó el anillo a la luz del candil, lo miró con su lupa, lo pesó y luego le dijo:

— Muchacho, dile al maestro que, si lo quiere vender ya, no puedo darle más de cincuenta y ocho monedas de oro por su anillo.

— ¡Cincuenta y ocho monedas!— exclamó el joven.

— Sí— replicó el joyero— . Ya sé que con tiempo podríamos obtener por él cerca de sesenta monedas, pero si la venta es urgente...

El joven corrió emocionado a casa del maestro a contarle lo sucedido.

— Siéntate— dijo este después de escucharlo–. Tú eres como este anillo: una joya única y valiosa. Y como tal sólo puede evaluarte un verdadero experto.

Y diciendo esto, volvió a ponerse el anillo en el dedo pero de su mano izquierda.

El muchacho se alejó de la casa sonriendo, mientras una parte muy profunda de sí mismo le decía:

"¿Qué haces por la vida pretendiendo que cualquiera descubra tu verdadero valor?"

* * *

La Autoconciencia desarrolla el conocimiento de uno mismo, nos permite entender nuestras reacciones y posteriormente las de los demás. Además, nos ayuda a ser sinceros con nosotros mismos, transmitiendo a los demás un modo de expresarnos sano y coherente.

Cuando exigimos a nuestros/as hijos/as una comunicación abierta debemos asegurarnos que ellos tienen la intención de expresar lo que sienten. Hay veces que existe el deseo pero la falta de seguridad impide la comunicación. Debemos enseñar a nuestros/as hijos/as a que se conozcan bien, que sepan cuáles son sus fortalezas y sus debilidades para que sean juzgados como realmente son.

- Hablar de nuestros sentimientos es la mejor manera de conocerlos y controlarlos. En las familias en las que los sentimientos se expresan abiertamente, los niños desarrollan el vocabulario para pensar en sus emociones y comunicarlas. En las familias en las que se suprimen los sentimientos es más probable que los niños sean emocionalmente mudos.

- La premisa general es alentar a nuestros hijos a verbalizar sus sentimientos. Pero para que nuestros hijos verbalicen es necesario que aprendan de nosotros esa capacidad. De nada sirve que le preguntemos a nuestro hijo que ha hecho en el colegio, si luego no le contamos cómo nos ha ido a nosotros el día. Con el tiempo creerán que es una manera de atentar contra su intimidad. Actividades que debemos poner en práctica y que deben, con el tiempo, convertirse en un hábito. Para enseñárselo a nuestro/a hijo/a primero debemos aprenderlo nosotros.

OBJETIVOS GENERALES

- Prestar atención a las emociones que estamos sintiendo y porqué.
- Intentar comprender los vínculos existentes entre nuestro pensamiento, nuestros sentimientos, nuestras palabras y nuestras acciones.
- Conocer el modo en que los sentimientos influyen en nuestro rendimiento.
- Tener un conocimiento básico de nuestros valores y objetivos.

OBJETIVOS ESPECÍFICOS

Para conseguir los cuatro objetivos generales empezaremos por:

Conectar con los sentidos. Como los sentimientos nacen en nuestro interior, generalmente tienen manifestaciones exteriores. Se podría empezar a comprender lo que pasa en nuestro interior prestando atención a nuestras sensaciones corporales, a veces visibles para los demás. Ejemplos:

- ¿Qué sensaciones percibe nuestro/a hijo/a cuando un profesor le saca al encerado?
- ¿Qué sensaciones percibimos cuando no entiende la explicación del profesor/a?
- ¿Qué sensación le impide preguntar dudas en clase?
- ¿Qué siente ante un profesor que le intimida?
- ¿Qué siente cuando es elogiado/a públicamente por un/a profesor/a?
- ¿Qué siente cuando le pillamos en una mentira?
- ¿Qué siente cuando le llevamos la contraria?
- ¿Qué siente cuando le besamos en público?

- ¿Qué siente cuando se bloquea durante la resolución de un problema?
- Etc.

Ahora basándonos en estos ejemplos deberíamos seguir la lista de sentimientos que deberíamos conocer y que son el motivo de la conducta de nuestro/a hijo/a.

Sintonizar con sus sentimientos. Nuestros sentimientos son respuestas a las interpretaciones que hacemos y a las expectativas que abrigamos. Al igual que nuestras sensaciones nos aportan datos de sumo interés que nos ayudan a comprender por qué hacemos lo que hacemos, también nos alertan sobre si nos sentimos cómodos o no en una situación dada y nos ayudan a entender nuestras reacciones. De ahí que sea tan importante armonizar con nuestros sentimientos. Ejemplos:

- ¿Por qué se le acelera el corazón cuando le sacan al encerado?
- ¿Por qué no entiende al profesor cuando explica?
- ¿Por qué no se atreve a preguntar dudas en clase?
- ¿Por qué piensa que el profesor de matemáticas le tiene manía?
- ¿Por qué no le gusta que le elogien en clase?
- ¿Por qué le gusta que le elogien en clase?
- ¿Por qué no me gusta que me besen en público?
- ¿Por qué me gusta que me besen en público?
- ¿Por qué se bloquea cuando razona un problema?. etc.

De todos estos aspectos deberíamos hablar con nuestros/as hijos/as.

Examinar sus juicios y valores. Las valoraciones son las distintas impresiones, juicios, estimaciones y expectativas que nos forjamos sobre nosotros mismos, sobre los demás y sobre cada situación. Se ven influidas por los diversos factores que configuran nuestra personalidad además de nuestro marco familiar, experiencias previas, educación, etc. Ejemplos:

- ¿Por qué piensa que se le va a acelerar el corazón si le sacan al encerado?
- ¿Por qué piensa que no tiene capacidad para entender las explicaciones del profesor?
- ¿Por qué piensa que se van a reír de él/ella si pregunta una duda?
- ¿Por qué el profesor de matemáticas siempre me mira a mí cuando va a preguntar?
- ¿Por qué se siente ridículo/a si le elogian en clase?
- ¿Por qué piensa que la única manera de conseguir su objetivo es mintiendo?
- ¿Por qué a mí nunca me dan la razón?. etc.

También deberíamos hablar con nuestros/as hijos/as sobre los juicios que hacen de sus sentimientos.

Saber cuáles son sus intenciones. Comprender cuáles son sus verdaderas intenciones, definir aquellas que deben reservar y finalmente enseñarles a emplear su sensibilidad para manifestar aquellas por las que merece a pena luchar. Es decir, ante todo que tengan conciencia clara de qué es lo que quieren conseguir o evitar. Ejemplos:

- Sé que puedo generar inconscientemente una taquicardia, evitando así que me saquen al encerado.
- Es posible que no entienda al profesor de matemáticas porque haya decidido de antemano que no voy a presentarme a esa asignatura, pues a priori pienso que voy a suspenderla.
- No pregunto en clase porque sé que todos se van a reír en cuanto suene mi voz.
- Sé que el hecho de que me elogien va a ser motivo de abucheo

- Sé cuando miento, se lo creen y así consigo hacer lo que quiero sin que se enteren. etc.

Enseñar a nuestros/as hijos/as a desechar aquellas creencias que les impulsan a actuar de un modo no coherente con su desarrollo personal.

Prestar atención a sus actos. Generalmente solemos ser conscientes de nuestras acciones, sin embargo no somos conscientes de los detalles de dichas acciones. Son los pequeños matices los que saltan a la vista de los demás, y han de ser tomados como indicadores de nuestras actitudes y nuestro comportamiento. Ejemplo:

Supongamos que por fin nuestro/a hijo ha decidido ir al despacho del profesor a preguntarle una duda (intención), de pronto empieza a notar un ligero ardor en el estómago (sensación corporal). Se da cuenta que esta demasiado/a nervioso/a para llamar a la puerta y entrar (interpretación), así que opta por irse (acción).

Inmediatamente siente un enfado terrible por no haber sido capaz de entrar en el despacho (sentimiento).

En el ejemplo anterior, ese ligero ardor de estómago, hace que la acción, entre en conflicto con la intención, impidiendo conseguir el objetivo.

Muchos de estos conflictos pueden subsanarse si padres y docentes prestamos una atención más cualitativa (no más tiempo sino más calidad)

APLICACIÓN PRÁCTICA

Capacidad para sentir e interpretar nuestras emociones. Utilizaremos las conductas que se generan a través de la mentira para enseñar a nuestros hijos/as a expresar sus sentimientos.

- **A partir de los cuatro años**, los niños comienzan a comprender que mentir con la intención de engañar es malo. Mienten con la intención de evitar un castigo o para obtener algo que quieren.
Mentiras comunes:

Cuando no quieren ir al colegio:
  - No entiendo las explicaciones.
  - Me pegan los niños en el patio.
  - El profesor me regaña.
  - Los niños/as no quieren jugar conmigo.
  - Me canso mucho y no me da tiempo a terminar. Etc.

Cuando no les gusta la comida
  - Me duele la tripa.
  - Tengo ganas de vomitar.
  - Me sienta mal.
  - Me obligan en el colegio y me dan arcadas. Etc.

Cuando no quieren hacer los deberes en casa
  - Ya he terminado.
  - No puedo hacerlo solo.
  - No tengo deberes.
  - Me he dejado el libro en clase. Etc.

- **A partir de los 11 años** se miente para proteger la intimidad o para evitar una situación incómoda.
Mentiras comunes.

En general a esta edad mienten para transgredir límites

  - Vamos todos los de la clase.
  - Yo no lo he cogido.
  - Es una película para todos los públicos.
  - A todos les dejan.

- No fumo.
- No he tomado nada de alcohol.
- Vamos a hacer los deberes a casa de fulanito/a, no vamos a salir.
- Me acosté a las 22'30h.Sólo me doy brillo en los labios.
- Nos recoge el padre de zutano/a, no se me ocurre ir en coche con desconocidos.
- Nos quedamos a dormir en casa de menganito/a, están sus padres, etc.

- **A partir de los 16 años**, poco podemos hacer ya.

Todo lo que nuestros/as hijos/as hayan conseguido por esta vía, queda arraigado en su modo de actuar. Es muy difícil, si se han acostumbrado a manejar ellos el discurso, que podamos enseñarles ya a expresar sus sentimientos y a confiar en un modo de actuar ético y moral.

No debemos dejar pasar desapercibida una situación en la hemos sido engañados. Hacer que nuestro hijo se sienta avergonzado es una forma legítima de cambiar dicho comportamiento. Las emociones morales de vergüenza y culpa pueden utilizarse de manera constructiva para modelar la conducta moral de nuestro hijo.

Hacer sentir a nuestro hijo culpable es más efectivo que el temor al castigo para influir en su comportamiento moral.

La vergüenza produce una impresión imborrable en los niños, mucho más pronunciada que los incidentes que se relacionan con sentimientos positivos.

La vergüenza debe ser invocada cuando un niño no ha mostrado reacción emocional alguna después de haber hecho algo de lo que debería avergonzarse.

La vergüenza y la culpa no son villanos emocionales. Cuando se utilizan de forma adecuada se convierten en instrumentos que guían hacia una edad adulta honesta, ética y solidaria.

DESARROLLANDO EL AUTOCONTROL
Cruzando el río

Un anciano maestro Zen y dos discípulos caminan en silencio a lo largo de un sendero. De pronto, al llegar a un riachuelo, descubren a una hermosa muchacha que, sentada en una orilla, contempla provocativa y sonriente a los tres caminantes que se acercan.

No hay que estar ciego para reconocer la perturbación que la joven ejerce en los dos discípulos que, en seguida, se percatan del radiante atractivo de su cuerpo y del brillo chispeante de su mirada.

– ¿Quién de los dos me tomaría para ayudarme a cruzar el río? – pregunta ella, con frescura y seducción provocadora.

Los dos discípulos se miran entre sí y, a continuación, dirigen un gesto interrogante al maestro, que todo lo observa.
Éste mira con profundidad a cada uno de ellos sin pronunciar palabra alguna.

Tras un largo y tenso minuto de contradicción y duda, uno de los discípulos avanza y tomando en los brazos a la muchacha, cruza el río entre caricias y sonrisas delicadas.

Al llegar a la otra orilla, se regalan un cálido beso y se despiden con ardiente mirada. Al momento, el joven da media vuelta y se reintegra sonriente al grupo que, de nuevo, camina hacia delante por la senda.

El rostro del discípulo que ha permanecido junto al maestro se muestra turbado, no cesando de proyectar interrogadoras miradas al impasible y silencioso anciano, que tan sólo observa.

Pasan las horas mientras el grupo avanza silencioso por entre montañas y valles, pero la mente y el corazón del discípulo que no ha cruzado el río con la mujer siguen enganchados y obsesionados por el deseo hacia la bella muchacha que lo obsesiona. Al parecer no se siente capaz de romper su voto de silencio ni tampoco de liberarse del deseo y del recuerdo que lo encadena.

Al anochecer, sus movimientos no parecen habituales, ya que se quema con el fuego que enciende, derrama el té de su cuenco y, además, tropieza con la raíz de un árbol haciendo gala de su desatención y torpeza.

Tras cada error, su mirada siempre encuentra el rostro impasible y ecuánime del anciano, que le observa sin juicios ni palabras.

De pronto, la tensión llega a ser tan atormentadora que, rompiendo un silencio de semanas, interpela al maestro, diciendo con rabia:

– ¿Por qué no has reprendido a mi hermano que, rompiendo las reglas de la sagrada sobriedad, ha encendido el fuego de su erotismo con la muchacha del río? ¿Por qué? ¿Por qué no le has dicho nada? ¡No me digas que la respuesta está en mi interior porque ya ni oigo ni veo nada con claridad! ¡Necesito entender! Dame una respuesta – suplica.

El anciano, dedicándole una mirada integral de rigor y benevolencia, responde con serenidad y contundencia:

– Tu hermano tomó a la mujer en una orilla y la dejó en la otra. "Mientras que tú tomaste a la mujer en una orilla y NO LA HAS DEJADO TODAVÍA" –.

* * *

El Autocontrol es la capacidad para controlar nuestros estados emocionales. "La habilidad de utilizar los estados emocionales desagradables para generar comportamientos útiles, y también para acceder a emociones más placenteras".

Para desarrollar el Autocontrol se necesita el conocimiento de alguna técnica de relajación que no vendría mal aprender para poder enseñar a nuestros hijos.

OBJETIVOS GENERALES

Esta habilidad de la Inteligencia Emocional se desarrolla en tres estadios:

- Reprocesamiento físico (sensaciones corporales). Se trata de identificar las sensaciones que aparecen: sudoración, taquicardia, respiración acelerada, tensión muscular, ahogo y deseo de llorar, etc.
- Reprocesamiento energético (conducción de los recursos anímicos). Se trata de buscar el porqué de estas sensaciones, reconducirlas y conseguir que no nos lleven a un desequilibrio que nos impida actuar de modo coherente.
- Reprocesamiento psicológico (significado y contexto). Se trata de dar un significado positivo a la experiencia vivida. Introducirla en el contexto que la ocasionó y asegurarnos que si hemos sido capaces de reconducirla es porque estamos preparados para reconducir otras.

OBJETIVOS ESPECÍFICOS

No se pueden elegir las emociones que se sufren, pero sí conducir las reacciones emocionales y completar o sustituir el programa de comportamiento congénito primario. Por ello, cuando percibamos que nuestro/a hijo/a está ante una situación de desequilibrio emocional debemos enseñarle seguir los siguientes pasos.

- A mantener una apariencia tranquila ante los estímulos que le desequilibran.
- A controlar el lenguaje, ya que el control de las palabras ayuda a disciplinar las emociones.
- A aclarar cada día sus pensamientos.
- Aprender a proyectar su mente a situaciones nuevas, comparando las mismas con otras experiencias.
- Someterle a situaciones de desequilibrio emocional mediante desensibilización sistemática y progresiva que consiste en una

exposición gradual y medida a situaciones temidas que dan origen a la ansiedad.

Los padres debemos aprovechar cualquier situación para dirigir a nuestro hijo en el ejercicio del repocesamiento. Desde pequeños comienzan a darse casos en los que el aprendizaje de esta técnica les habría ayudado a salir airosos de muchos conflictos.

Son cada vez más comunes situaciones en las que alumnos de buen nivel académico, responsables e inteligentes (en términos intelectuales) han sufrido una crisis de ansiedad antes de entrar a un examen incapacitándoles para realizarlo.

Todos sabemos y las investigaciones lo corroboran que dosis altas de ansiedad disminuyen el rendimiento académico. Por tanto, podremos impartir el temario de nuestra asignatura con nuestras mejores técnicas para su aprendizaje y asimilación. De poco les servirá a nuestros alumnos nuestro esfuerzo si a la hora de demostrar sus conocimientos se ven imposibilitados emocionalmente.

APLICACIÓN EN PRÁCTICA

Debemos transmitir en el día a día que la clave de nuestra realidad (feliz o desdichada) no son las cosas que nos pasan, **sino el modo en que las asumimos**. Por lo que nuestro primer objetivo será enseñarle a analizar las situaciones con:

- Objetividad (Lo que entiendo objetivamente que ocurrió: Los hechos)
- Subjetividad (El significado que interpretamos de los hechos y su impacto emocional en nosotros: Mi interpretación)
- Imaginación (Agotar todas las otras interpretaciones posibles)

Es posible que un hecho desencadene pensamientos del tipo:
- ¿Qué pasará si pierdo el control sobre mí mismo/a?

- ¿Qué pasará si me vuelvo loco/a?
- ¿Qué pasará si me da un infarto?
- ¿Qué pasará si me desmayo?
- ¿Qué pasará si me muero?

Debemos enseñar a nuestro hijo que ese tipo de pensamientos no son reales, son sólo una interpretación de sus sensaciones. Debemos guiarle de la siguiente manera:

- Que reconozca que se trata de una crisis de angustia y que a pesar del mal rato que se pasa, no significa que le vaya a ocurrir nada fatal ni sin remedio.
- Recordarle que a pesar de parecer «eterna», la crisis llega a su máximo en escasos minutos. Intentar despreocuparle de su duración, aceptando que a pesar de ser un estado muy desagradable va a pasar en unos minutos.
- Que busque ayuda sin alarmismos. Si se halla entre un grupo de personas puede simplemente comentar que se encuentra momentáneamente indispuesto/a y pedir que alguien de confianza le acompañe a un lugar más tranquilo. Que se siente o pasee sin apresuramiento en espera de que la crisis disminuya su intensidad. La persona que le acompaña estará dispuesta a ayudarle si se diera el caso. Si se encuentra solo, que no pretenda que vengan a ayudarle de inmediato, si llama a alguien para cuando lleguen sus síntomas ya se habrán calmado en gran medida. En todo caso y si se encontrara muy asustado/a y hablar con alguien le tranquiliza, que telefonee a alguien de mucha confianza y explique su estado en ese momento, y después que le pida que vuelva a llamarle pasados 5 ó 10 minutos. Sólo al saber que hay alguien pendiente de cómo se encuentra, ya le hará sentirse mejor.
- Que no mantenga la atención fija en los síntomas. Cuanto más se fije en aquellas partes de su cuerpo que parecen funcionar mal, más sensible se encontrará hacia los pequeños cambios,

aumentando el temor. Que intente relajarse lo más posible y desvíe su atención hacia aquellas otras partes del cuerpo que no dan muestras de alteración intentando relajarlas. También puede distraer su atención dirigiéndola a estímulos neutros del ambiente, como puede ser fijarse en las matrículas de los coches que pasan, examinar los productos cercanos del supermercado o incluso contar de tres en tres desde cien hacia atrás hasta controlar la ansiedad.

- Enseñarle a respirar de forma pausada, intentando acompasar sus respiraciones sin hacer inspiraciones profundas. La sensación de falta de aire o ahogo puede que le haga respirar muy rápido y de forma profunda.

Es en la ACCIÓN, ya sea orientada hacia uno mismo o hacia el entorno, donde el angustiado creará las condiciones favorables para dominar la angustia. Para parar la angustia son muy recomendables las técnicas psico–físicas de relajación y respiración.

Para ayudar a nuestro/a hijo/a en el desarrollo del autocontrol hay que empezar por enseñarle a dominar su voluntad.

Hacer prácticas para negarse o vencerse en lo gustos, los estímulos y las inclinaciones inmediatas, desarrollan el autocontrol. Con este tipo de prácticas fortalecemos nuestra voluntad, la perseverancia y el compromiso con nosotros mismos.

A partir de los dos años se les inicia en el desarrollo del autocontrol a través de la consecución de hábitos de vida saludables.

- Negándoles aquellos caprichos que a nuestro juicio no son adecuados (ingesta de alimentos poco sanos como dulces y chucherías)
- Enseñándoles a comer aquello que es bueno para su salud aunque a ellos no les guste.
- Acostarles solos en su cuarto y no en la cama de sus padres.

- No ceder ante sus pretensiones, lo intentarán de múltiples y variadas maneras hasta conseguir sus propósitos.

Hay una creencia errónea que debemos desechar y es aquella que admite que hay que razonar con los niños y ofrecerles opciones, aún cuando se comportan más allá de los límites establecidos. Es una tarea difícil pero les ayuda a sentar las bases para diferenciar más adelante lo que está bien y lo que está mal.

A partir de los cuatro años ya debemos dar a nuestro hijo las advertencias y señales cuando empieza a comportarse mal. Es la mejor manera de enseñarle el autocontrol.

Cuando se viole una norma o un límite previamente establecido, en forma intencional o de otro modo se debe aplicar de inmediato un castigo adecuado. Para ello hay que ser coherente y hacer exactamente lo que se dijo que se haría. Debemos asegurarnos previamente que el castigo guarda relación con la infracción a la regla o a la mala conducta.

A partir de los siete años se le debe ir inculcando el orden y la disciplina a través de la programación de sus tareas escolares. En este sentido, uno de los primeros aspectos que hay que fomentar es aprender a hacer un plan de estudio. Uno de los efectos del orden en relación con el estudio es que proporciona paz y hace ver las cosas que hay por delante con claridad y serenidad. Aprender a distribuir las materias y el tiempo con antelación suficiente. El mal estudiante siempre aplaza lo que tiene que hacer, lo cual le va desentrenando y cuando ha perdido el hábito, la dejadez, la apatía, el abandono, la falta de autoexigencia y la pereza desmesurada le llevan al fracaso. Antes de que ocurra esto debemos enseñarle a posponer los placeres inmediatos para cumplir con su responsabilidad, una responsabilidad definida por él mismo.

También es a partir de esta edad se les puede enseñar a hablarse a sí mismos como forma de aumentar su período de atención y fomentar el diálogo interno, actuando como si fueran su propio entrenador.

Estas capacidades son de gran utilidad para enseñar a nuestros hijos a enfrentar el dolor y la inquietud así como la aflicción psicológica.

A partir de los 11 años y si se va consiguiendo lo anterior, la dificultad (aunque se piense lo contrario) es menor. A partir de aquí hay que tener muy claro qué pueden hacer y qué no deben hacer con el ocio. Los mayores problemas aparecen cuando nuestros hijos utilizan el chantaje moral ("a todos les dejan", "eres la única que se opone", "es lo normal, todos los niños lo hacen", "te crees que me va a pasar algo porque eres una histérica", etc.) para conseguir sus propósitos. Si nuestro criterio está contrastado y es firme, no debemos ceder nunca.

A partir de los catorce y si las bases están fijadas con antelación, podemos empezar a "soltar las riendas" a medida que sus demostraciones de responsabilidad nos vayan permitiendo depositar en él nuestra confianza.

Trabajar con ellos en la resolución de conflictos personales o ajenos enseña a desarrollar capacidades como la negociación y la mediación muy importantes en la etapa de la adolescencia.

DESARROLLANDO LA MOTIVACIÓN
Viviana

En un lejano reino de Occidente vivía una hermosa joven llamada Viviana, que crecía alegre y feliz en el seno de una familia de hilanderos, una familia experta en el arte de fabricar cuerdas para los usos más variados que se pudiera imaginar. Viviana, conforme se iba haciendo mujer, compartía los trabajos y aprendía a la perfección el manejo de sus manos, con lo que ya a edad temprana había alcanzado una destreza digna de los mejores maestros.

Un día de primavera, su padre, acercándose a ella, le dijo:

—Querida hija, como ya eres una mujer sería conveniente que vinieras conmigo en la próxima travesía por mar. Tengo transacciones que realizar en las islas del mar Mediterráneo y pienso que, además de ayudarme en mis tareas y conocer mundo, tal vez encuentres un joven honrado y de buena posición con el que quieras formar una familia.

Viviana aceptó encantada la propuesta de su padre y se puso de inmediato a preparar todo lo necesario. Llegado el momento de partir, emprendieron el camino y tras varias semanas de viaje llegaron a su primer destino. Una vez allí, y mientras el padre realizaba sus negocios y formalizaba pactos, Viviana soñaba con el esposo que, de un momento a otro, podría aparecer y que de inmediato reconocería.

Pero de pronto, cuando se encontraban en alta mar camino de Creta, se levantó una tormenta con un oleaje tan terrible que el barco terminó por naufragar.

Entre vientos y grandes olas, Viviana cayó al mar y, tras unas horas de angustia, fue llevada por la marea hasta una playa cercana. Su padre había muerto y ella se sentía totalmente hundida y desamparada.

Pasadas algunas horas, y ya bajo el sol del mediodía, Viviana vagaba por la arena pensando en su suerte y en sus grandes sueños rotos... Así pasaron varias horas, hasta que al fin fue encontrada por una familia de tejedores que vivía cerca de allí quienes, a pesar de ser pobres, la acogieron en su casa como si de una hija más se tratase, con la intención de compartir su comida y su oficio.

Viviana se entregó a los trabajos de aquella familia y, poco a poco, fue haciéndose una experta en la confección de las telas. Pasado un tiempo, Viviana ya conocía los secretos de los más extraños tejidos. De esta manera, la joven iniciaba una segunda vida, en la que llegó a ser plenamente feliz, reconciliada con su suerte y su destino.

Pero llego un día en el que hallándose sentada en la playa sonriendo al horizonte, desembarcó una banda de mercaderes de esclavos que, sorprendiéndola de súbito, se la llevaron presa junto con otro grupo de cautivos.

A pesar de lamentarse amargamente por su suerte, no encontró compasión por parte de ninguno de sus captores, quienes la llevaron a Estambul y finalmente la vendieron como esclava. Por segunda vez su mundo se había derrumbado. Una vez más lloraba amargamente, entristecida por su suerte...

Sin embargo, sucedió algo que cambiaría de nuevo el rumbo de su vida. Aquel día, había pocos compradores en el mercado. Pero entre ellos se encontraba un rico mercader que buscaba esclavos para su próspera planta de fabricación de mástiles. Cuando vio el abatimiento de la muchacha sintió compasión por ella y decidió comprarla, pensando que, de ese modo, podría ofrecerle una vida mas digna.

Mas tarde, llevando a Viviana a su hogar con intención de hacer de ella una ayudante para su esposa, se enteró de que un incendio había arruinado sus cargamentos y acabado con todas sus existencias, por lo que no pudiendo afrontar los gastos que le ocasionaba tener trabajadores, se quedó tan sólo con Viviana que, junto con él y su esposa, llevarían a cabo la tarea de fabricar mástiles de verdadera artesanía.

Viviana, agradecida al mercader por haberla rescatado, trabajó con tanta entrega y diligencia que consiguió a los pocos años llegar ser una auténtica experta en la fabricación de toda clase postes y mástiles, por difíciles que éstos fuesen de resolver.

Al poco tiempo, su amo, en agradecimiento a los buenos servicios, le concedió la libertad, pasando a trabajar para él como ayudante de confianza. Fue así como consiguió ser feliz y plenamente dichosa en ésta, su tercera profesión.

Así pasó el tiempo hasta que un día aquel buen hombre le dijo:

—Viviana, yo ya voy siendo viejo y quiero que en esta ocasión seas tú quien vaya a Java a entregar unos mástiles de gran valor. Asegúrate, en mi nombre, de venderlos con provecho.

Ella se puso en camino, contenta y feliz de viajar hacia su tan soñado Oriente, pero, ¡oh, destino!, cuando el barco estuvo frente a las costas de China un terrible tifón lo hizo naufragar y, ¡horror!, una vez más se vio arrojada a la playa de un país totalmente desconocido.

—¡Otra vez! —se decía llorando amargamente—. Mi vida vuelve a tropezar ante el destino. ¿Qué deberé ahora de aprender y superar?

Viviana sentía que cuando conseguía dominar plenamente algún oficio y sentar las raíces de su vida, sucedía algo inesperado que la hacía cambiar de dirección.

Una vez repuesta, se levantó de la arena y se puso a caminar en dirección a un poblado que divisó a lo lejos. Como no era frecuente la presencia de viajeros de raza blanca, fue acogida con respeto y curiosidad. Pero sucedió que en aquel país existía una leyenda profética: se decía que un día llegaría una mujer extranjera capaz de hacer, ella sola y sin ayuda de nadie, un templo para el Emperador de difícil y compleja construcción.

Y puesto que en aquel entonces en China no había nadie que pudiera por sí solo hacer este tipo de construcciones, todo el Imperio esperaba el cumplimiento de aquella extraña predicción con la más vívida expectativa.

Al fin de estar seguros de que cuando llegara la extranjera por aquellas tierras no pasara inadvertida, los sucesivos emperadores de China solían enviar heraldos, una vez al año, a todas ciudades y aldeas del país pidiendo que cada mujer extranjera fuera llevada a la corte.

Fue justamente en una de esas ocasiones cuando Viviana fue presentada al Emperador.

—Señora —dijo el Emperador—, ¿seríais capaz de construir un templo para el Imperio que tenga las características que aquí figuran, pero sin ayuda de ninguna otra mano? Y le mostró un papiro pleno de garabatos e imágenes.

Ella, tras observarlo detenidamente, se sintió de pronto iluminada. Sabía que era capaz de hacerlo, ya que, por lo que dedujo, hacía falta un mástil tan fuerte y flexible como los que habían dado tanta fama a su antiguo amo, el mercader. Así mismo, se requería un tipo de tela, de características tales, que sólo aquellos entrañables tejedores con los que compartió afecto y habilidades podrían haberle enseñado. Y, por último, dedujo que esa construcción debía poseer unos sistemas de sujeción de una clase de cuerda tal que pudiesen soportar el impacto de los fuertes vientos sin perder tensión y resistencia. Sólo sus padres, aquellos expertos maestros hilanderos, podrían haberle enseñado algo así.

Viviana trabajó muy duramente por espacio de nueve meses. Y finalmente presentó su obra al Emperador, quien tras observar con asombro la perfección y detalle de su creación, premió a Viviana con la generosidad de las grandes recompensas con sabor a destino.

La PROSPERIDAD, el AMOR Y la SABIDURÍA habían llegado de manera plena y abundante a la vida de una Viviana que encarnaba la plenitud y la grandeza de la vida.

Cuentan que todo aquel que llegó a conocerla salía de su presencia iluminado de esa extraña confianza y certeza que proporciona la percepción de los grandes destinos del alma.

Tras ejercer la sabiduría y el amor supremos en una vida fecunda e intensa, Viviana murió en paz y armonía a la edad de noventa y nueve años. Desde entonces, se dice que su espíritu susurra a los oídos de los que se sienten abandonados por su suerte que no teman..., que confíen..., porque

Tras los vaivenes de la vida...
late un Camino Mayor que acompaña
y protege a los que siguen adelante.

* * *

La motivación es el combustible que permite llevar a cabo lo que uno se propone. Las personas motivadas tienen empuje, dirección y resolución. Es una habilidad tan necesaria como las destrezas intelectuales o técnicas, es la habilidad para reunir recursos anímicos en pos de la consecución de objetivos personales o colectivos. Al fin y al cabo, lo que nos mueve es el corazón, no la cabeza.

OBJETIVOS GENERALES

- Definir la finalidad específica para la que nos movilizamos.
- Analizar las implicaciones tiene para nosotros el proyecto o tarea terminados.

- Controlar los impulsos, la capacidad de resistencia a la frustración y aplazar la gratificación (habilidad más importante en el devenir académico y laboral).
- Controlar los pensamientos negativos.
- Desarrollar el optimismo, la autoestima y la expectativa de éxito.

Los padres debemos saber transmitir bien unas pautas que ayuden a los hijos a estar motivados.

OBJETIVOS ESPECÍFICOS

Para ello, es necesario primero hacerles saber la importancia que tiene para ellos:

- Que el control de los impulsos, la capacidad de resistencia a la frustración y el aplazamiento de la gratificación, parecen ser unas de las habilidades psicológicas más importantes.
- Que el control de los pensamientos negativos, veneno del optimismo, se relaciona con el rendimiento a través de la economía de los recursos atencionales; preocuparse demasiado, por ejemplo, consume los recursos que necesitamos para afrontar con éxito los retos académicos.
- Que la autoestima y las expectativas de autoeficacia, son conceptos que se pueden relacionar no sólo con la motivación; y su influencia no sólo en los procesos de aprendizaje sino también de la salud mental y el desarrollo sano y global de la personalidad.
- Que la capacidad de motivarse a uno mismo se pone especialmente a prueba cuando surgen las dificultades, el cansancio o el fracaso. Enseñarles cual es el momento en que mantener el pensamiento de que las cosas irán bien, puede significar el éxito o el abandono.

El desarrollo del optimismo, la autoestima, la expectativa de éxito... está relacionado con las pautas de educación. Debemos evitar el proteccionismo y la crítica destructiva, favoreciendo la autonomía y los logros personales, utilizando el elogio y la pedagogía del éxito.

APLICACIÓN PRÁCTICA

- En primer lugar y como premisa, comencemos por esperar más de nuestros hijos, eso hará que ellos esperen más de sí mismos.
- Exigir que trabajen más duro y dediquen más tiempo a las tareas escolares, las domésticas, la lectura y el conocimiento de su mundo.
- Enseñarles cómo controlar su tiempo y evaluar el resultado de sus esfuerzos.
- En lugar de culpar a las escuelas por no hacer lo suficiente, aumentar el tiempo de dedicación efectiva a nuestros hijos.
- Enseñar al niño a esperar el éxito proporcionándole situaciones en las que él fije sus propias metas.
- Brindarle oportunidades para que domine su mundo ayudándole a desarrollar un sentido del dominio y del control que, a su vez, conducirá hacia una iniciativa y orientación propia crecientes. Debemos intentar que nuestro hijo haga más cosas por su cuenta. Es decir, debemos darles menos y pedirles más.
- Orientarle en la capacidad de dividir una tarea en pasos manejables, pues constituye una importante herramienta de administración y un método que ayuda a mantener la automotivación, además facilita la realización de tareas difíciles.

Las videoconsolas, la televisión y en particular Internet, proporcionan recursos y oportunidades de aprendizaje limitados.

Consejos para desarrollar la motivación en el hogar:

- Tener y mantener la Alegría y el Buen Humor
- Cultivar el Optimismo
- Mantener una Expectativa Positiva
- Practicar la Iniciativa
- Ejercer la Determinación
- Mantener la Perseverancia
- Sostener la Voluntad
- Tener Confianza
- Fomentar el Entusiasmo
- Cultivar la Paciencia
- Aprovechar los éxitos
- Recordar las nuevas opciones (Creatividad)
- Desenvolverse o vivir en un medio ambiente positivo

DESARROLLANDO LA EMPATÍA
Regalo de aniversario

Era un matrimonio pobre. Ella hilaba a la huerta de su choza pensando en su marido. Todo el que pasaba se quedaba prendado de la belleza de su cabello, negro, largo, como hebras brillantes salidas de su rueca. Él iba cada día al mercado a vender algunas frutas. A la sombra de un árbol se sentaba a esperar sujetando entre los dientes una pipa vacía. No le llegaba el dinero para comprar un pellizco de tabaco.

Se acercaba el día del aniversario de la boda y ella no cesaba de preguntarse qué podría regalar a su marido. Y, además ¿con qué dinero?

Una idea cruzó su mente. Sintió un escalofrío al pensarlo, pero al decidirse todo su cuerpo se estremeció de gozo: vendería su pelo para comprarle tabaco.

Ya imaginaba a su hombre en la plaza, sentado ante sus frutas, dando largas bocanadas a su pipo: aromas de incienso y de jazmín darían al dueño del puestecillo la solemnidad y el prestigio de un verdadero comerciante.

Sólo obtuvo por su bello pelo unas cuantas monedas, pero eligió con cuidado el más fino estuche de tabaco. El perfume de las hojas arrugadas compensaba largamente el sacrificio de su pelo.

Al llegar la tarde regresó el marido. Venía cantando por el camino. Traía en su mano un pequeño envoltorio: eran unos peines para su mujer que acababa de comprar tras vender su pipa. R. TAGORE

* * *

Empatía: Capacidad para descubrir lo que sienten los demás y reaccionar de forma emocionalmente positiva hacia ellos. No debemos confundir empatía con simpatía. La diferencia estriba en que la simpatía implica que la persona "que sufre" contamina con sus sentimientos a la otra persona y esta ya no es libre para poder aportar nada pues está condicionada por los sentimientos de la otra persona. Sin embargo, la persona empática está en otro plano. Se involucra y ayuda pero no sufre con la otra persona, por lo que la capacidad de apoyo es objetiva y eficaz.

En el terreno de la educación familiar, esta diferencia es de suma importancia. En un porcentaje muy elevado de situaciones, los padres nos mostramos simpáticos y no empáticos. Ocurre, por ejemplo cuando castigamos a nuestro hijo. Cuando este llora y nos dice: "Por favor papá, perdóname, es la última vez que lo voy a hacer, no me he dado cuenta, te lo prometo, no me dejes sin ir al cumpleaños, te lo pido por favor"

Entonces nosotros, nos mostramos simpáticos en vez de empáticos y en lugar de mantener nuestra postura firme ante la presión de nuestro/a hijo/a, claudicamos, le perdonamos cometiendo uno de los errores típicos, propio de los padres de esta generación: La falta de coherencia entre el modo de pensar y el modo de actuar.

OBJETIVOS GENERALES

En el caso de la empatía podemos decir que sólo hay dos objetivos generales, que trabajados con plena dedicación, nos enseñarán a entender en algunos casos a nuestros/as hijos/as y a protegernos de ellos/as, en otros.

1. Potenciar la escucha activa:
   - Disponernos física y psicológicamente a prestar atención a los mensajes de nuestro hijo, así como mantenernos alerta a sus gestos corporales (tensión resistencia y aceptación).
   - Mantener la cordialidad demostrando que seguimos la conversación. (no impacientarnos mientras le escuchamos, que no sienta que nos aburre).
   - Expresar por medio de nuestro propio estilo verbal y afectivo que comprendemos el mensaje.
   - No evaluar, ni juzgar ni descalificar.

2. Hacernos cargo de la realidad intelectual y emocional de nuestro hijo/a (cómo piensan y cómo sienten, así como su **capacidad real** de superarse, muy relacionada con su fuerza de voluntad), es decisivo para construir una buena relación.

OBJETIVOS ESPECÍFICOS

Los objetivos específicos están diseñados a modo de pautas, de forma que su seguimiento facilita la comunicación y desarrolla la empatía. Están centrados en el primer objetivo general: Escucha activa.

Aprovecharemos aquellas situaciones (noticias, series de TV, experiencias de compañeros o familiares, etc.) en las que se debaten temas de interés para ellos/as, como pueden ser, deportes, ocio, alcohol, drogas, sexo, disciplina, etc. De ese modo conseguimos el segundo objetivo general: Conocer la realidad intelectual y emocional de nuestros hijos/as, es decir, hacernos cargo de cómo piensan y cómo sienten.

El modo de proceder, sebe seguir las siguientes pautas:

- Tener claro el propósito y los motivos de la retroalimentación. Esto ayuda a focalizar los consejos y a que la otra persona conozca nuestras intenciones.
- Describir nuestras observaciones y percepciones. Ser específico acerca de comportamientos, incidentes, hechos o percepciones. Ser breve y claro.
- Escuchar los puntos de vista de nuestro/a hijo/a. Si se involucra en la conversación, el proceso se hace más fácil para ambos y evita que se pongan a la defensiva.
- Acordar con él/ella las acciones a tomar. Pensar que la educación es un plan de acción conjunto. Nuestra voluntad de ayudar a la otra persona puede hacerlo más efectivo.
- Resumir la conversación y mostrar apreciación por nuestro/a hijo/a. Recibir retroalimentación es tan difícil como darla. Dejar que ellos/as sepan que nosotros apreciamos su apertura.
- Durante la conversación es conveniente que vayamos identificando el tipo de retroalimentación que nuestro/a hijo/a desea. Eso se consigue haciendo preguntas.
- Usar el tono apropiado. Presentar sugerencias, ideas u opiniones, no emitir órdenes, ultimátums o directivas.
- Compartir experiencias similares. Relatarle situaciones similares por las que también nosotros hemos pasado.
- No ofrecerle garantías totales. Nadie, ni los consejeros más experimentados pueden garantizar los resultados. En el caso en el que seamos nosotros los que estemos

recibiendo retroalimentación de nuestro/a hijo/a, es conveniente que le escuchemos con la intención de comprender la retroalimentación.

- Tratar de identificar las áreas de desempeño que están siendo analizadas. Dejarle que termine antes de darle nuestra su opinión.

- Ver la conversación como una oportunidad de obtener información y ganar perspectiva. Compartir nuestro propio punto de vista sobre el asunto.

- Proveer información que explique los hechos o el comportamiento. No buscar ni dar excusas. Tratar de ser objetivo. Intentar ver el asunto desde el punto de vista de él/ella.

- Discutir y acordar conjuntamente sobre las maneras de mejorar. Ofrecerle nuestras ideas y escuchar las de él/ella.

- Acordar un plan de acción. Expresándole nuestra apreciación y asegurarnos de agradecerle su colaboración para ver más claramente una situación.

APLICACIÓN PRÁCTICA

Siete pasos fundamentales para expresar empatía:

Paso 1: Hacer preguntas con final abierto. Las preguntas con final abierto expresan empatía porque muestran respeto por las reacciones y respuestas únicas del individuo. Cuando se hace una pregunta abierta, se comunica el hecho de que quieres aprender de la otra persona y que estás verdaderamente interesado en su punto de vista. Renuncias al control y permites que la otra persona te guíe hacia donde ella quiere o necesita que tú vayas, en lugar de mover la conversación en una dirección específica.

Paso 2: avanzar suavemente. La empatía siempre se esfuerza en hacer que las cosas vayan más despacio para que las emociones puedan atemperarse con una profunda reflexión. Las emociones acaloradas no conducen a la expresión de la empatía.

Cuando nuestras emociones están en su punto álgido, ayuda tomarse un momento para reflexionar y pensar. Ir más despacio nos permite que nuestros pensamientos vayan al mismo paso que nuestros sentimientos, aportando algo de tranquilidad y sensatez a una situación cargada de emoción.

Paso 3: evitar abrir un juicio. Las decisiones rápidas y el abrir juicio no son parte del repertorio de expresiones de la empatía.

En momentos de frustración la gente suele perder la visión de lo específico y presta más atención a las generalidades, lo que invariablemente lleva a juicios punitivos o intolerantes.

El poder de la empatía radica en que su foco está centrado en las experiencias de cada momento. La empatía siempre trata de evitar la tendencia natural a la categorización de la conducta, basada en la experiencia pasada.

Paso 4: prestar atención al cuerpo. Los investigadores lo llaman "Sincronía psicológica", y es un recordatorio poderoso del hecho de que nuestra mente (emociones) y nuestro cuerpo (reacciones físicas) están íntimamente relacionados y son interdependientes. La empatía tiene un componente netamente físico. De hecho, un investigador en el campo de la psicología define la empatía como "un estado del sistema nervioso autónomo que tiende a estimular el de otra persona". Nuestros sistemas nerviosos, en otras palabras, 'hablan" unos con otros.

Paso 5: aprender del pasado. La empatía obra milagros en el presente en lo que respecta a la intimidad y la comunicación, pero también tiene en cuenta el pasado. Debemos saber y comprender lo que sucedió en el pasado, no con la intención de guiar las acciones del hoy ni de predecir el futuro, sino para ver cómo los viejos patrones, los juicios y la idealización interfieren en lo que está sucediendo en este momento.

Cuando aprendemos a separar el pasado del presente, ganamos objetividad. Podemos ver que las fuertes emociones de las personas no siempre tienen que ver con los acontecimientos presentes, sino que muchas veces emanan de conflictos previos sin resolver o circunstancias difíciles en su vida.

Paso 6: respetar los tiempos. Cada uno tiene una historia única para contar, y cada uno va a su propio paso. Cuando la empatía guía la interacción, podemos juzgar con exactitud sorprendente a qué velocidad necesita avanzar la otra persona. El buen uso del tiempo es importante. La empatía nos lleva en un viaje en el que a veces el camino es difícil y extenuante. Necesitamos parar en ciertos puntos del camino, hacer una pausa, orientarnos y prestar atención cuidadosa a las señales indicadoras.

Paso 7: establecer límites. Rara vez la gente se siente reconfortada de manera duradera cuando respondemos a sus problemas mencionándoles nuestras pruebas y tribulaciones. La profunda inseguridad de una persona no se cura con el conocimiento de que las demás también tienen serios problemas. La empatía nos permite escuchar sin prejuicios el significado más allá de las palabras: para escuchar sin prejuicios debemos establecer límites. Poner límites no significa que no nos importe o que no nos afecte profundamente la angustia de la otra persona. Por el contrario, significa buena disposición para mantenernos separados a fin de dar una respuesta objetiva.

Existen dos componentes de la empatía: una reacción perceptiva hacia los demás que normalmente se desarrolla en los seis primeros años de vida del niño, y una reacción cognoscitiva, que determina el grado en el los niños de más edad, son capaces de percibir el punto de vista o la perspectiva de otra persona. A medida que sus capacidades perceptivas y cognoscitivas maduran, los niños aprenden cada vez más a reconocer los diferentes signos de sufrimiento emocional del otro y son capaces de combinar su preocupación con conductas adecuadas.

Desarrollamos la empatía haciendo prácticas de trato afectivo diario: intentar vencer el propio carácter, procurar hacer algo más por las personas que están cerca, conocerlas mejor para establecer relaciones más humanas y más cordiales. Los actos buenos más simples pueden modificar la vida de la gente. Mediante la empatía desarrollamos conductas de amabilidad y consideración.

Al niño desde los dos años y medio le podemos hacer entender que debe querer a otros niños dando muestras de amor, enseñarle a compartir sus pertenencias y sometiendo su voluntad a los deseos del otro.

A partir de los cuatro años se aumentan este tipo de conductas con aquellas en las que los protagonistas sean los padres y no él. Debemos enseñarle a demostrar cariño a sus padres mediante cesiones de tiempos y espacios.

Ejemplo: "Ahora papá y mamá van a ver la televisión porque están cansados y tú mientras vas a dibujar o a jugar con tus cosas" conseguir que el niño ceda a partir de esta edad es un gran logro. Así desarrollamos en ellos sentimientos de sacrificio y compasión.

A partir de los siete años, debemos hacerle comprender que el hogar es un lugar de encuentro para todos y que de todos es responsabilidad hacer la convivencia agradable al resto.

<u>A partir de esta edad</u> se reparten tareas domésticas que deben tener como fin aligerar la carga de trabajo de los padres para que éstos tengan más tiempo de convivencia familiar. Así desarrollamos en ellos la cooperación por el bien común y el trabajo en equipo.

No se deberán admitir nunca faltas de respeto, teniéndose siempre presente quien es la autoridad.

Por nuestra parte, y si hasta entonces la vida familiar se ha desarrollado dentro del marco de la normalidad, deberemos entender que la adolescencia es un período de autodeterminación por parte de nuestro hijo, es el momento de ceder nosotros en aquellos aspectos que le den a él protagonismo sin que por ello merme la relación familiar.

No olvidemos que durante este tiempo nuestro hijo (aunque parezca lo contrario) es cuando más nos necesita, por lo que debemos buscar situaciones de disfrute en familia: celebraciones familiares, excursiones, elegir un DVD y verlo en familia, etc.

DESARROLLANDO LAS HABILIDADES SOCIALES
Los dos pájaros

Dos pájaros estaban muy felices sobre la misma planta, que era un sauce. Uno de ellos se apoyaba en una rama, en la punta más alta del sauce; el otro estaba más abajo, en la bifurcación de unas ramas.

Después de un rato, el pájaro que estaba en lo alto dijo para romper el hielo:

—¡Oh, qué bonitas son estas hojas tan verdes!

El pájaro que estaba abajo lo tomó como una provocación y le contestó de modo cortante:

—¿Pero estás cegato? ¿No ves que son blancas?

Y el de arriba, molesto, contestó:

—¡Tú eres el que estás cegato! ¡Son verdes!

Y el otro, desde abajo, con el pico hacia arriba, respondió:

—Te apuesto las plumas de la cola a que son blancas. Tú no entiendes nada, so tonto.

El pájaro de arriba notaba que se le encendía la sangre y, sin pensarlo dos veces, se precipitó sobre su adversario para darle una lección.

El otro no se movió. Cuando estuvieron cercanos, uno frente a otro, con las plumas encrespadas por la ira, tuvieron la lealtad de mirar los dos hacia lo alto, en la misma dirección, antes de comenzar el duelo.

El pájaro que había venido de arriba se sorprendió:

—¡Oh, qué extraño! ¡Fíjate que las hojas son blancas!

E invitó a su amigo:

—Ven hasta arriba adonde yo estaba antes.

Volaron hasta la rama más alta del sauce y esta vez dijeron los dos a coro:

—¡Fíjate que las hojas son verdes!

* * *

Habilidad: Capacidad y disposición para una cosa. Cada una de las cosas que una persona ejecuta con gracia y destreza.

Social: Relativo o perteneciente a un grupo o a un conjunto de individuos.

"Habilidades sociales: conjunto de comportamientos eficaces en las relaciones interpersonales"

"La conducta socialmente habilidosa es aquel conjunto de conductas emitidas por un individuo en contacto interpersonal, que expresa los sentimientos actitudes, deseos, opiniones y derechos de un modo adecuado a la situación, respetando estas conductas en los demás, y que generalmente resuelve los problemas inmediatos de la situación mientras minimiza la probabilidad de futuros problemas".

Sólo hay un factor de suma importancia en el desarrollo de esta habilidad y es que, para ser socialmente habilidoso/a:

Se necesita querer: Querer ser eficaz con los demás

OBJETIVOS GENERALES

- Aprender a expresar los sentimientos de manera eficaz.
- Conseguir cambios de conducta en la otra persona.
- Evitar errores que dificultan la comunicación.

Una vida plena y exitosa se construye gradualmente a partir de una serie de interacciones cotidianas con otros seres humanos, en las que algunos intercambios son vitales y otros triviales; sin embargo, ninguno deja de tener consecuencias.

OBJETIVOS ESPECÍFICOS

Eliminar de nuestro discurso:

- *La crítica.* Criticar al otro en lugar de presentarle una queja o petición.
- Ej: Estoy harta de ordenar tus cosas. Me exaspera tu desorden. (Crítica)
- Con todas tus cosas por la cocina no puedo tener un sitio para ponerme la taza de café por la mañana. Necesito un poco de orden a mí alrededor para sentirme bien. ¿Podrías hacer el esfuerzo de recogerlo por la noche, antes de acostarte? (Queja)
- No es bueno poner en contra de mí a la persona que más necesito.
- *El menosprecio.* Se manifiesta a través de insultos, desde los más suaves e hipócritas (su comportamiento es inapropiado) hasta los más violentos (hija mía eres idiota. Eres estúpido.)
- Las expresiones del rostro, suelen acompañar a estas expresiones provocando mayor impacto.
- *El contraataque.* Cuando se es atacado, el cerebro emocional ofrece dos soluciones: lucha o huída, grabadas en nuestros genes desde hace millones de años y evidentemente son las más eficaces para un insecto o un reptil.
- En el contraataque, si en el mejor de los casos tiene éxito, deja a la otra persona humillada y vencida y esa herida no hace más que profundizar la sima emocional y agravar la

situación para seguir la convivencia. Jamás un contraataque ha dejado al otro con deseos de deshacerse en sinceras excusas y expresiones afectuosas.
- *La retirada total.* Tras semanas de ataques y contraataques uno de los protagonistas decide abandonar el campo de batalla. Se oculta tras el periódico o la TV a la espera de que todo pase. Esta conducta la aprenden nuestros/as hijos/as, que se recluyen en su habitación cuando no están de acuerdo con nuestra conducta esperando que seamos nosotros los que les saquemos de la situación que ellos mismos han generado.

Enseñarles a:

- Saber decir "no".
- Saber manifestar la propia postura ante un tema, petición o demanda.
- Saber expresar un razonamiento para explicar/justificar su postura.
- Saber expresar comprensión hacia las posturas, sentimientos y/o demandas del otro.
- Saber pedir favores y reaccionar ante un ataque.
- Saber pedir lo que se desea.
- Expresar gratitud.

APLICACIÓN PRÁCTICA

La capacidad de llevarse bien con los demás proporciona a nuestro hijo sensación de éxito y de satisfacción en la vida. Es la habilidad más importante para mantener a salvo la autoestima. Para ello es necesario el desarrollo de dos de las habilidades antes mencionadas: El autocontrol y la empatía, ambas unidas garantizan la eficacia en el trato con los demás y cuya falta conduce a la ineptitud social o al fracaso interpersonal.

A partir de los tres años:

- Prestar mucha atención a la comunicación con nuestros hijos en tiempo y calidad.
- No mentirles nunca. Emitir mensajes claros y convincentes y exigirles que los suyos lo sean también.
- Favorecer situaciones de trabajo en equipo para la consecución de una meta común.
  - Recoger la habitación
  - Ordenar sus juguetes
  - Preparar su ropa
  - Planificar la tarde y repartir los tiempos para la realización   de distintas actividades
  - Planificar los estudios
  - Preparar un viaje, etc.

AMIGOS. Aunque en la vida familiar el apoyo emocional de los padres es algo que se da por sentado, entre grupos de niños es algo que se gana. Hacer amigos es una capacidad que resulta difícil aprender después de la niñez.

Desde los tres a los siete años los niños buscan amigos "a los que pueden usar". Es la etapa egocéntrica y es normal. Los padres debemos planificar actividades para que estén con niños que son como ellos o que tienen intereses similares y así poder actuar enseñándoles la importancia de la amistad frente a posturas egoístas.

A partir de los siete años y una vez que los niños empiezan a disfrutar de la compañía de otros, es importante reforzar el valor de los amigos.

- No debemos disminuir o negar los sentimientos positivos de nuestro hijo respecto de otro niño aun cuando no sea de nuestro agrado.
- Debemos resistirnos a la tentación de admitir las quejas de nuestro hijo respecto de otros compañeros de clase. Sólo debemos limitarnos a escuchar con atención.

A partir de los 11 años los niños alcanzan la etapa de la reciprocidad. En esa etapa nos sentimos chóferes, organizador de fiestas y empleados de banco. Sin embargo nuestra presencia y apoyo es de vital importancia ya que les da seguridad mientras ellos exploran el mundo que les rodea. Ante las dificultades:

- Escuchémosles y ofrezcamos ejemplos de nuestra propia experiencia con amigos.
- Evitemos los sentimientos personales a cerca de sus amigos y dar consejos.
- Enseñémosles buenos modales. Los buenos modales son una de las capacidades más fáciles de enseñar y, sin embargo, pueden producir un efecto profundo en éxito social posterior de nuestro hijo.
- Evitemos la tolerancia hacia conductas irrespetuosas y groseras tanto de nuestros hijos como de los demás.
- Estimular los buenos modales en la forma en que nuestros hijos traten no sólo a los adultos sino a sus iguales.

Explicarles la importancia que tiene su apariencia personal, por ejemplo a la hora de hacer un examen oral, o cuando tengan una entrevista de trabajo. Decirles que la impresión que quieren dar al otro es posiblemente la que le llegue y que muchas veces no es la más adecuada.

Cómo decírselo sin violencia:

- Sustituir la crítica por una observación subjetiva.
- Evitar todo juicio respecto del otro, para concentrarse totalmente en lo que se siente. (al hablar de mí y sólo de mí, no estoy juzgando a mi interlocutor, no le ataco, sino que estoy en la emoción, y por tanto, en la autenticidad y la apertura. Si soy honrado conmigo mismo, llegaré incluso a mostrarme vulnerable, para mostrarle el daño que me ha hecho. Vulnerable porque habré desvelado una de mis debilidades. Por lo general, es ese candor el que desarmará al adversario y le dará ganas de cooperar, en la medida en que el también desee conservar nuestra relación.
- Resulta todavía más eficaz no sólo decir lo que se siente, sino hacer al otro partícipe de la esperanza compartida que ha fracasado.

Ejemplo": Me irrita que llegues tarde y además sin avisar. No piensas en mí". (Juicio). "Cuando no me llamas, me preocupa pensar que te haya pasado algo". (Observación subjetiva)

DIEZ ÚLTIMOS CONSEJOS PARA TENER BUENAS RELACIONES HUMANAS

"Para que una relación fluya de manera efectiva, habrá que tener en cuenta":

- Elegir el momento adecuado.
- Mantener un estado emocional tranquilo y controlado.
- Escuchar activamente.
- Empatizar.
- Hacer preguntas abiertas o específicas.
- Pedir pareceres (¿que se te ocurre que podríamos hacer?, me gustaría saber tu opinión sobre, etc.)

- Expresar sentimientos y deseos. (me gustaría que…, no deseo que…, etc.)
- Emitir mensajes verbales y no verbales conscientes.
- Ser recompensante.
- Aceptar parcial o totalmente el argumento u objeción del interlocutor.

CONCLUSIÓN

Hemos visto a lo largo del capítulo las causas por las cuales fracasa la convivencia en los hogares actuales. Es necesario obviar todo aquello en lo que no podemos intervenir y dedicarnos a aquello que se encuentra a nuestro alcance.

Los/as hijos/as son nuestra auténtica responsabilidad, el modo de expresar lo que sienten entra en conflicto con nuestro esquema de valores y cuando esto ocurre, la batalla está servida.

Apliquemos el plan de expectativas y llevémoslo a la acción. Prestemos atención a su lenguaje emocional. Intentemos adivinar que hay detrás de sus exigencias, qué es verdaderamente lo que demandan y aplicando el autocontrol, la empatía y las habilidades sociales, intentemos satisfacer sus necesidades. No debemos perder nunca la referencia de que somos los padres, eso conlleva unos derechos adquiridos que no debemos olvidar. Ceder, en beneficio de sus caprichos, sólo confundirá a nuestros hijos.

Asumamos nuestra responsabilidad, nosotros la hemos elegido. Dirijamos con optimismo nuestro hogar motivando a nuestros/as hijos/as en su desarrollo. Trabajemos con paciencia y con la confianza de que la educación es una inversión a futuros. Los frutos se recogen al final de la temporada y esta si no ha habido inclemencias temporales finaliza a partir de los dieciocho años.

CONCLUSIÓN

"Sólo se ve bien con el corazón,
Lo esencial es invisible a los ojos".
(Antoine de Saint–Exupéry)

No sé si con la lectura de este libro habré conseguido transmitiros la idea de que la educación de vuestros hijos/as es una asignatura que, aunque difícil, habéis escogido vosotros y que se aprende exclusivamente con la práctica.

Teorías no hay muchas, ya que cada hijo, cada persona, cada pareja, cada entorno y cada situación como hemos visto a lo largo de la lectura, marca dinámicas distintas y estilos de convivencia muy diferentes, pero lo que veo y me produce mucha tristeza es lo que se pone de manifiesto en el dibujo que bajé de internet y que me pareció de lo más oportuno para ilustrar la idea:

Está claro que la vida familiar es un foco de estrés para los padres, que no saben cómo entretener a sus hijos. Sin embargo los hijos demandan un tiempo eficaz del que ya hablamos en el capítulo 4 (perfiles familiares actuales) que rara vez comparten con sus padres.

Si ceder nuestro tiempo y nuestro espacio en función del bienestar emocional de nuestro hijo es un sacrificio, el tema es espinoso. Eso quiere decir que algo no va bien.

La palabra sacrificio tiene varias acepciones, recojo esta dos para comprobar la diferencia existente entre ellas:

- *«Acto de abnegación o altruismo inspirado por la vehemencia del cariño»*
- *«Acción a que uno se sujeta con gran repugnancia»*,

"Veamos. ¿Se sacrifica un montañero para alcanzar la cima? ¿Se sacrifica el que estudia oposiciones para notario, o practica horas y horas al piano? No están haciendo algo que les repugna; están haciendo lo que desean hacer. Yo no quiero subir a una montaña ni ser notario, y por eso no lo hago.

Si quiere usted llevar a su hijo en brazos, o darle el pecho, hágalo. Si quiere dejar de trabajar durante meses o años para cuidarlo, o rechazar una magnífica oportunidad de trabajo en el extranjero para estar con su familia, hágalo. Pero sólo si quiere. Si no quiere, pues no lo haga. Decir: «He sacrificado mi carrera profesional para estar con mi hijo» es tan absurdo como: «He sacrificado la relación con mi hijo por mi carrera» No son sacrificios, son elecciones. Vivir es elegir, los días sólo tienen veinticuatro horas, y el que hace una cosa no puede hacer otra al mismo tiempo. Elija lo que en cada momento le parezca mejor, y ya está. Quien hace lo que quiere no está renunciando, sino logrando; no se sacrifica, sino que triunfa.

El matiz es importante, porque quien hace (o cree hacer, o quiere creer que hace) un sacrificio lo hace, por definición, con gran repugnancia. No se considera pagado, cree que le deben algo. Tarde o temprano tendrá usted conflictos con sus hijos. En esos momentos, quienes creen haberse sacrificado piensan (o lo que es peor, dicen):

«Parece mentira, después de todo lo que he hecho por ti» o «Por tu culpa, yo no pude llegar a...». Las palabras, una vez pronunciadas, no pueden recogerse. En cambio, los que son conscientes de haber hecho lo que deseaban más bien piensan: «Qué lástima que después de todos los años de felicidad que me has dado, ahora tengamos un conflicto» o «gracias a ti he disfrutado del privilegio de ser padre». O, lo que es mejor, lo dicen.» González Carlos (2006)

Creo que esta lectura también aporta suficientes datos para una buena reflexión a modo de conclusión y no menos las declaraciones que el popular juez de menores de Granada, Emilio Calatayud, conocido por sus sentencias educativas y orientadoras, ha publicado un libro: "Reflexiones de un juez de menores", en el que inserta un "Decálogo para formar un delincuente". Es muy interesante, y dice así:

- Comience desde la infancia dando a su hijo todo lo que pida. Así crecerá convencido de que el mundo entero le pertenece.
- No se preocupe por su educación ética o espiritual. Espere a que alcance la mayoría de edad para que pueda decidir libremente.
- Cuando diga palabrotas, ríaselas. Esto lo animará a hacer cosas más graciosas.
- No le regañe ni le diga que está mal algo de lo que hace. Podría crearle complejos de culpabilidad.
- Recoja todo lo que él deja tirado: libros, zapatos, ropa, juguetes. Así se acostumbrará a cargar la responsabilidad sobre los demás.
- Déjele leer todo lo que caiga en sus manos. Cuide de que sus platos, cubiertos y vasos estén esterilizados, pero no de que su mente se llene de basura.
- Riña a menudo con su cónyuge en presencia del niño, así a él no le dolerá demasiado el día en que la familia, quizá por su propia conducta, quede destrozada para siempre.

- Déle todo el dinero que quiera gastar. No vaya a sospechar que para disponer del mismo es necesario trabajar.
- Satisfaga todos sus deseos, apetitos, comodidades y placeres. El sacrificio y la austeridad podrían producirle frustraciones.
- Póngase de su parte en cualquier conflicto que tenga con sus profesores y vecinos. Piense que todos ellos tienen prejuicios contra su hijo y que de verdad quieren fastidiarlo.
- Y cuando su hijo sea ya un delincuente, proclamad que nunca pudisteis hacer nada por él.

Bueno, pues sólo me queda insistir en que, en nuestra mano está paliar esta situación desarrollando:

- La Autoconciencia, para descubrir nuestro perfil y conocernos mejor. Conocer a nuestra pareja, y reflexionar juntos sobre el modelo de hijo que queremos. Establecer objetivos y repartir papeles.
- El Autocontrol, para saber cuándo estamos fuera de juego y cuándo debemos iniciar "la batalla" de forma controlada y efectiva.
- La Motivación, para que nuestro modo de actuar tenga siempre un sentido y podamos, por ello, sentirnos orgullosos de lo que hacemos.
- La Empatía, porque sólo desde el mundo de los demás podremos entender el nuestro.
- Las Habilidades Sociales, porque el modo de interacción es definitivo para generar credibilidad.

Poniendo en marcha nuestra habilidades emocionales, conseguiremos el desarrollo de la Inteligencia Emocional de nuestros hijos esto es hará fuertes, decididos, conscientes de sus virtudes y de sus limitaciones, capaces de resolver sus problemas, independientes y sensatos. Sabrán fijarse objetivos para su propia realización personal.

Desarrollará en ellos valores de altruismo, perseverancia, caridad, amor por los demás, el gusto por las cosas bien hechas, la alegría y la autoridad sobre uno mismo.

El desarrollo de la Inteligencia Emocional es una vacuna contra situaciones de desequilibrio emocional en edades maduras.

Cada gesto, palabra o actuación que tenemos en presencia de nuestros/as hijos/as, conforma el lecho donde descansará la idea que tenemos de ellos/as.

Es muy importante que tengamos esto presente, ya que asumen esta idea como aquello que esperamos de ellos/as y sobre ese lecho, van ir construyendo su escala de valores.

Utilizaré un símil para hacerlo de un modo gráfico y por ello, más comprensible: Con nuestra conducta le estamos facilitando los ladrillos con los que edificarán su modo de afrontar la vida y en función de la solidez, y de cómo estén colocados así se mantendrá o no firme la estructura.

¿Podemos afirmar que les estamos proporcionando los materiales adecuados?

BIBLIOGRAFÍA

Bisquerra, R. (2000). *Educación emocional y bienestar.* Barcelona: Praxis.

Caballo, Vicente E. (1987). *Teoría, evaluación y entrenamiento de las habilidades sociales.* Valencia. Promolibro.

Calatayud, Emilio (2007). *Reflexiones de un juez de menores.* Granada. Ed. Dauro

Costa Cabanillas, M. y López Méndez, E. (1991). *Manual para el educador social.* Madrid: Centro de Publicaciones del Ministerio de Asuntos Sociales.

Gallego, D.J.; Alonso, C.; Cruz, A. y Lizama, L. (1999). *Implicaciones Educativas de la Inteligencia Emocional.* Madrid: UNED.

González, Carlos (2006). *Un regalo para toda la vida. Guía de la lactancia materna.* Temas de hoy.

Gardner, H. (1995). *Inteligencias Múltiples.* Barcelona: Paidós.

Gardner, H (2001). *La inteligencia reformulada.* Las inteligencias múltiples en el siglo XXl

Goleman, D. (1996). *Inteligencia emocional.* Barcelona: Ed. Kairós.

José Mª Doria "Cuentos para aprender a aprender"

Kelly (1987) Kelly, J.A. (1987). *Entrenamiento de las habilidades sociales.* Bilbao: Desclée De Brouwer.

Mayer, R. E. (1986). *Pensamiento, resolución de problemas y cognición.* Barcelona: Paidós Ibérica.

Mayer, J. y Salovey, P. (1993). The intelligence of emotional intelligence. *Intelligence, 17,* 433–442.

Michelson, L., Sugai, F.P., Wood, R. y Kazdin, A.E. (1987). *Las habilidades sociales en la infancia.* Barcelona: Martínez Roca.

Monjas, I. (1993). *Programa de entrenamientoen habilidades de interacción social.* PHEIS. Tricle. Salamanca.

Mora, F. (2000). *El cerebro sintiente.* Barcelona: Ariel Neurociencia.

Pinillos, J.L. (1995). *La mente humana.* Madrid: Ediciones Temas de Hoy, S.A.

Plutchik, R. (1980). *Emotion: A psycho evolutionary análisis.* New York: Harper & Row.

Rivière, R.(1990): Éxito y fracaso escolar en Europa. Siglo Cero, 131,12–63.

Shapiro, L. (1997). *La inteligencia emocional de los niños.* Bilbao: Grupo Zeta.

Sternberg, R.J. (1987). *Inteligencia humana I. La naturaleza de la inteligencia y su medición. Cognición y desarrollo humano.* Madrid: Paidós Ibérica.

Vallés, A. y Valles, C. (1996). *Habilidades sociales en la escuela. Una propuesta curricular.* Madrid: Ed. EOS.

Wechsler, D. (1973). *La medida de la inteligencia el adulto.* Buenos Aires: Huascar.

Wilks, F. (2000). *Emoción inteligente.* Colombia: Editorial Planeta.

ZicK Rubin escribe en (Shapiro, 1997)